J. BARBEY D'AUREVILLY

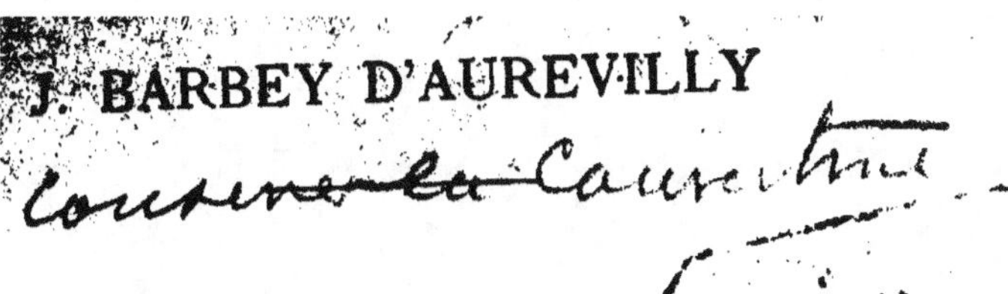

Deuxième · Memorandum

(1838)

Et quelques pages de 1864

PARIS. — Ier

P.-V. STOCK, ÉDITEUR

(Ancienne Librairie TRESSE & STOCK)

155, RUE SAINT-HONORÉ, (près la Civette)

Devant le Théâtre-Français

1906

Deuxième Memorandum

P.-V. STOCK, éditeur, Paris

DU MÊME AUTEUR :

Dernières Polémiques. Un volume in-18. . . . . . 3 50

Polémiques d'hier. Un volume in-18. . . . . 3 50

Les quarante médaillons de l'Académie (duc de Broglie, prince de Broglie, comte de Carné, Cousin, Mgr Dupanloup, Saint-Marc Girardin, de Montalembert, de Rémusat, Sylvestre de Sacy, Dupin, A. de Vigny, O. Feuillet, Vitet, Mignet, Thiers, de Barante, Ampère, duc de Noailles, de Pongerville, de Falloux, Viennet, Victor Hugo, Ponsard, V. de Laprade, Villemain, Prosper Mérimée, Empis, J. Sandeau, Berryer, Emile Augier, Lebrun, Désiré Nisard, Flourens, de Lamartine, Guizot, comte de Ségur, Patin. Ern. Legouvé, Dufaure, Sainte-Beuve). Une brochure in-18. . . . . 2 »

Le théâtre contemporain, nouvelle série. Etudes critiques, littéraires et dramatiques (1870-1884). Un volume in-18. 3 50

Le théâtre contemporain, dernière série. Etudes critiques, littéraires et dramatiques (1881-1883). Un volume in-18. . . . . 3 50

J. BARBEY D'AUREVILLY

Deuxième
Memorandum

(1838)

Et quelques pages de 1864

PARIS. — Ier

P.-V. STOCK, ÉDITEUR

(Ancienne Librairie TRESSE & STOCK)

155, RUE SAINT-HONORÉ, (près *la Civette*)

Devant le Théâtre-Français

1906

DEUXIÈME MEMORANDUM

1838

Paris. — 13 juin 1838.

Recommencerai-je un journal? — Pourquoi pas, puisque Guérin le désire? Dieu sait qu'il est le seul homme que ces fragments de ma vie intéressent et font penser. — Moi j'ai eu besoin de penser à cela pour reprendre mes journées une par une. — Changement énorme! Autrefois j'aimais cette recherche de mes sensations. Mais le scepticisme et l'indolence ont anéanti tout ce qui *palpitait* en moi autrefois.

Aujourd'hui levé de bonne heure, — pas déjeuné, — pas de lettres! — Travaillé jusqu'à trois heures et fini mon deuxième article sur Ranke. — Bourdonnel est venu,

1

monotone et froid, lui qui raille ordinairement avec une verve qui excite la mienne. — Fait coiffer en causant. Habillé et sorti à quatre heures. — Allé chez la Marquise, que je n'ai pas trouvée, mais en revanche sa mère, madame de M..., et une autre dame de Lyon dont la voix ressemble à celle d'un canard qui barbote et qui se félicite de barboter. Essuyé une heure madame de M... et parti d'attente lasse et d'impatience de ce que la Marquise ne rentrait pas. — Allé chez Ap... où j'ai dîné par accident. Cette petite femme déjà rencontrée est venue roucouler ses affectations. — N'a que des rougeurs, mais de toutes nuances, depuis le rose jusqu'à l'écarlate, — et des yeux bleus cernés de gris. — J'aime les rougeurs, par orgueil, probablement, damné fat que je suis. On croit que l'on en est la cause.

Au jour tombant, allé chez la maîtresse de Gau..., madame A... Toujours au lit, geignant, plaignant, et sacrant aussi quelque peu. Lui ai demandé Gau..., mais il paraît qu'elle ne l'avait pas vu de la journée, ce qui lui faisait pousser des cris d'aiglonne abandonnée. L'ai plantée là. — Demandé la Marchesa en passant. Toujours sortie. — Rentré chez moi prendre un manteau. Le temps nuageux et froid comme en septembre. — Risqué la promenade cependant. — Frappé à la porte d'Aristide qui ne s'est point ouverte. — Rentré. Trouvé une lettre de la Cécilia Métella, — sombre, triste, malheureuse! — bonne fille pour qui je ne puis rien faire dans ce moment, car mes finances sont peu florissantes. — Corrigé et copié une partie de l'article fini ce matin. — Pensé à T... [1] et je ne sais pourquoi je me rapprocherais de cet homme avec plaisir.

Écrivaillé jusqu'à cette heure, qui est deux heures du matin. Me jette au lit et vais achever un article sur le somnambulisme qui m'endormit merveilleusement bien hier au soir.

14 juin.

Levé à neuf heures, solide de nerfs et après une nuit assez calme. Déjeuné avec des œufs frais. Écrit jusqu'à trois heures sans désemparer. — Bourdonnel est venu et ai continué d'écrire tout en causant. Conversation plus pleine que celle d'hier et mieux soutenue. — Rien lu, mais fait diverses choses. — Habillé, coiffé, et prêt à sortir vers cinq heures.

1. Trebutien.

Allé chez Gaudin. Dîné avec lui et son cousin Ach... Le docteur G... est venu. Lui ai entonné du vin de Bourgogne et l'ai fait bavarder outre mesure. — Passé chez ma tante. Absente ! De là chez la Marquise. Nous sommes allés (car il y avait le Baron R..., la Vicomtesse de St-M...[1] et madame de M...) nous asseoir devant le café de Paris et y prendre des glaces, — c'est-à-dire eux, moi ne prenant rien. Reconduit la Marquise chez elle. Causé de verve, projetant mille éclairs. Sorti vers minuit. — Ai trouvé une lettre follement mélancolique de Guérin, — répondu et ai porté, en robe de chambre et en pantoufles, ma lettre à la poste. Une nuit superbe, pure et d'un bleu pâle criblé d'étoiles d'argent. — Le jardin qui est près de l'hôtel versait à flots dans la rue le parfum magnétisant des ébéniers. J'aime cette odeur d'*orange* qui me rappelle le château de Mesnilsauce et l'époque où je l'habitais. — Écrit ceci, — bu un verre d'eau. Je me couche et vais lire. Un jour presque sans sensations. — Pourquoi ne sont-ils pas tous ainsi ?

1. Madame Dash.

15 juin.

Je rentre, écrasé d'ennui et une montagne de plomb sur le cœur. — Absurde soirée ! — Ce matin levé de bonne heure ; la lumière m'éveille et je ne puis me rendormir, ce qui m'est tribulation en diable. — Écrit jusqu'à midi. Lu et pris des notes sur les *Traités de Commerce* jusqu'à deux heures. — Gaudin est venu. — Déjeuné. — Lu du Molière ensemble, nous creusant un comique à nous sous le comique de Molière, grand homme, abîme de rapports inouïs et qu'en l'étudiant on dégage chaque jour davantage. Aussi comique à la réflexion qu'à l'instinct, dans la langue que dans la situation. — Habillé et sorti avec Gau... Donné une note de livres pour le libraire. Promené avec Gau... au Passage Choiseul. Puis allé chez la Marchesa que j'ai trouvée filant, la quenouille à la main, comme une reine qui s'est fait bergère. — Regarde sa fille jouant, les épaules nues, sur le tapis à nos pieds. Ah ! j'aurais mieux aimé demeurer là tout le restant du jour... et il a fallu la quitter. — Elle avait de l'amabilité lente aujourd'hui et un œil se noyant languissamment dans les miens. J'ai échangé cela pour un dîner avec ma tante, que j'ai trouvée *écharpée* d'un provincial qui salue bas et se donne des airs d'impie à la Voltaire, — un bel esprit ridicule. Lui ai dit les choses les plus fortes, qu'il a avalées comme du lait doux. Avec un homme vulgairement intelligent et au courant de ce que tout le monde sait, j'étais perdu. Mais il a accepté toutes mes sornettes, les plus extravagantes. C'est le seul plaisir (plaisir de moquerie solitaire et sérieuse qui me devient assez familier) que j'aie eu pour me dédommager d'un mauvais dîner entre deux affectations, mâle et femelle. — Allés au concert, chez ce bambocheur de Musard. Désert d'Arabie Pétrée pour la chaleur, avec redondante population de *chamelles*. — Le démon de la moquerie me poussant (mais, hélas ! je n'avais personne à qui pincer les lèvres), je leur ai dit que telle polissonnerie de contredanse que l'orchestre *beuglaissait* était une mélancolie de Beethoven, et mes *dilettanti* de s'extasier et de prendre un air triste et profond, convenable à la chose. — Comme j'étais d'un imperturbable sang-froid, des femmes qui m'entendaient vomir de si effrayantes énormités se retournaient pour voir la figure de celui qui mentait si balourdement au sens commun et à l'affiche, et ouvraient tout grands leurs doux yeux en ne rencontrant pas une physionomie par trop bête et une mise à la Pourceaugnac. — Dieu qui vient en aide à ses saints les a fait s'endormir tous les deux, l'un à dextre, l'autre à senestre. Joli coup d'œil que je présentais dans cette encadrure! Ils ne se sont réveillés que pour dire : « *C'est charmant, ces concerts,* » au coup de grosse caisse du galop final. — Allé avec eux à Tortoni prendre une glace ; ça a été le sommet de mon calvaire — Promené seul un instant au Boulevard. N'ai vu personne.

Oublié de noter qu'avant le concert je suis entré chez Ap... Trouvé les yeux bleus cernés de gris. Ils s'appellent Uranie. Drôle de nom! — *Sur la fièvre qui tient la princesse Uranie...* — Continué le manège. Ap... nous a laissés seuls. Alors déclaration, main et taille prise, baiser pris et laissé prendre. Elle se tordait comme une couleuvre au soleil, son pauvre petit sein allant et venant, rouge jusqu'aux épaules, hachant menu les *je ne veux pas* et glissante comme une anguille dans la peau de qui elle tiendrait! — J'ai été sciemment du plus mauvais goût, mais ce n'est pas une Vicomtesse et je ne pouvais la séduire en lui lisant Corinne. Donc ai fait le petit général Lasalle, en habit noir.

En somme ennuyé, et ce soir rentré l'âme

vide et la tête aussi. — Ah! un soir avec la reine de ma vie absente vaudrait mieux, — bien mieux que tout cela! — Écrit ceci et vais essayer de lire, mais le pourrai-je, dans la disposition découragée où je suis? — Voyons!

16 au soir.

Passé la nuit à lire le *Corsaire* dans le texte anglais; belle et fière chose que cette poésie! — Dormi à peine et levé presque avec le jour! Le jour pur, bleu, *éthérial* (diable de bon mot anglais qui nous manque), plein de soleil vainqueur et brûlant et dardant sa flamme et sa vie jusque dans le cœur et dans la pensée. — Ah! l'on se retrouve poète à certains jours! — Point de lettres. — Allé chez la Marchesa. J'aime à la voir, les cheveux tordus sur sa tête, dans les tissus négligemment attachés du matin, penchée au balcon sous le fleuve de soleil qui l'inonde, présentant insoucieusement à son ambre la courbure d'*inbronzables* épaules et la blancheur de mains divines. Mais ce que j'aime à la voir, je ne l'ai pas vue. — J'ai arpenté le balcon avec madame de M..., attendant que la paresseuse baigneuse fût prête, mais l'*onde* a fait comme j'eusse fait si j'avais été l'*onde*, elle l'a retenue, et moi, qui n'attends guères plus patiemment que Louis XIV, j'ai filé. — Descendu au Palais Royal. — Lu les journaux et la *Revue des Deux-Mondes*. Madame Sand ne se contente pas de piller Byron, elle le gâte. — De plus, son histoire (l'*Uscoque*) est semée d'inconséquences et d'ignorances sur les caractères, modifiés par les mœurs de l'Orient. — Revenu chez moi. — Vu Gau... Nous dînons chez lui demain, mon ami Georges et moi. — Écrit un billet à ce dernier et avalé des œufs. — Pris des notes sur les traités de commerce. Pas content, du reste, du travail de *Jamin*, qui pourrait bien être un *Gamin*. — Lu du Capefigue, à qui je persiste à trouver un instinct politique remarquable, malgré l'opinion très imposante du publiciste L. B..., qui ne l'a pas lu. — Ai lu avec assez d'attention un volume de quatre cent douze pages de quatre heures à sept. — Dîné chez moi. — Coiffé et habillé. — Mes pensées ont pris un tour étrange à l'occasion de la jeune femme qui demeure en face, et je suis tombé dans un de ces pâles et tremblants accès nerveux, marques d'un violent souvenir réprimé et combattu.

Sorti. Allé chez l'invisible Aristide. Puis chez Ap..., prendre une rose brisant, à moitié de la force de sa vie, la mousse pudique de son bouton. — Descendu au Palais Royal, chez Obermana la superbement calme. Pris du café dans de l'eau glacée. Lu une excellente bouffonnerie du *Charivari* sur Liszt et autres célébrités contemporaines. — Promené au Boulevard, — puis resté appuyé, dans une nonchalance et une stupidité orientales, sur la rampe de Tortoni. — Du temps utilement employé! Bon encore si j'avais eu, à cette tiède haleine de juin, sous ce ciel constellé et dans cet air sonore, notre grand rêveur de poète, notre *Somegod*, notre Guérin, à qui nous eussions fait les honneurs de cette soirée et d'un sorbet propre à préciser le vague de ses sensations! — Mais, seul ainsi, cela me semblait drôle, et pourtant, de tout ce qui *se sent* dans la vie, la nature est ce que *je sens* le mieux.

Rentré assez tard. — Écrit un billet plein de *concetti* bien coquets à Aristide, — puis ceci, les fenêtres ouvertes, en proie à la volupté d'une nuit charmante, toute douceur et silence, avec la musique de l'eau des fontaines. — Vais me coucher cependant. Il est deux heures moins dix minutes. Bonsoir.

18.

Hier ne notai rien. Je passai la moitié de la journée à lire et l'autre moitié avec Guérin, assez gais l'un et l'autre et d'un entrain fort remarquable. Beaucoup de fatigue et la chaleur me poussèrent au sommeil.

Aujourd'hui levé à dix heures. — Point de lettres. — Le temps splendide de lumière et de chaleur. — Lu la *Correspondance* de Fiévée et de Bonaparte. — Ouvrage très spirituel, surtout l'introduction, qui est un chef-d'œuvre. Dit que Bonaparte était très coquet en conversation. Mais la coquetterie d'un homme puissant peut être très médiocre et paraître irrésistible. Ils sont comme les jolies femmes, — on leur sait gré de tout. — Lu et pris des notes sur les *Traités de commerce*. — Devais sortir et ne l'ai pu que tard après déjeuner, à cause d'un orage qui s'est résolu en longue pluie. Le temps relevé et très beau.

Allé chez Ap... Y suis resté assez de temps. — Uranie est venue. — *Es siempre la misma cosa !* — Les liens se redoublent, et le drame (si tant est que c'en soit un) se clora un de ces jours sur mon canapé. — *Ecco !* — Il est impossible d'y tenir moins, mais ce sera la première femme que j'aie sans y tenir du tout : preuve que je me forme. — Descendu chez la maîtresse de Gau..., qui s'est à moitié asphyxiée de désespoir, bêtise de suicide et pour une bêtise, à laquelle s'est ajoutée la troisième bêtise de se manquer ! — Le suicide s'est encanaillé comme tout le reste dans ce sacré temps. — Revenu avec Gau... en flânant. — Demandé la Marchesa. Sortie, selon ses us et coutumes. — Rentré. — L. B. m'a écrit un billet. — Notre affaire marche. Répondu. Écrit ceci et une lettre à la Marquise. — N'ai pas dîné, par conséquent la tête nette, les esprits légers, et capable de travail et de réflexion.

19.

Singulière journée ! Assez douce, du reste, par les sensations extérieures. Mais le fond est toujours le même, dégoût et ennui, et le plus aimable *far-niente* n'y *fait rien*. — Coiffé et habillé à neuf heures. — L. B. est venu. — Suis sorti presque avec lui. Vu Gau... deux minutes. — Allé chez la Marchesa pour lui redemander un papier griffonné par T... (des vers de moi) et la seule pièce de son écriture que j'aie en ma possession. — A peine si je voulais entrer. Resté à causer. M. de B.[1] est venu. On a fait monter du cidre (ce fameux cidre offert par moi et qui vaut le meilleur Bordeaux) et des viandes froides. — Le temps lourd et brûlant. De congestion, de paresse, que sais-je, moi? ai prolongé la causerie *molle et dénouée* jusqu'à l'heure de la toilette de la Marchesa, qui a eu le caprice de sortir. — Mise avec goût! Robe grise, changeante, avec des reflets argentés, un châle garni noir, un chapeau de paille d'Italie où se cambraient des plumes blanches retombant jusque sur l'épaule, et des guêtres en soie noisette ondée de noir. M'a demandé si je voulais sortir, mais j'étais en négligé avec un châle rose autour du cou, et j'ai dit que je resterais à lire un roman ramassé sur le canapé et dont les premières pages m'avaient attiré. C'est *Gerfaut*, d'un M. de Bernard. Qu'est-ce que c'est que ce M. de Bernard? Le nom m'est inconnu, le livre me l'était aussi, mais à coup sûr l'homme est très spirituel et le livre écrit avec une grâce et un coloris d'imagination comme on n'en trouve guères dans les ouvrages les plus vantés de ce temps. Beaucoup d'observation aussi. En somme, un charmant roman, dont

---

1. Le Vicomte de Brassard des *Diaboliques*.

je veux connaître la fin. Ai *dévoré* (le mot quoique enthousiaste est vrai) le premier volume (in-8°, trois cents pages), pendant l'absence de la Marchesa. — Rentrée. Taquiné de part et d'autre jusqu'au dîner. Dîné et resté encore. Refusé d'aller au spectacle. — Allé voir Apollina-Flora. — Remonté au Boulevard en causant avec L. M. — Le temps chargé et à l'orage. Rentré, les nerfs agacés.

Ainsi j'ai passé tout un jour à lire un volume de jolies sornettes et à en débiter d'autres à des femmes qui ont accompli devant moi toute leur révolution diurne, depuis le peignoir jusqu'à la robe *habillée* (style de ces péronnelles), et cela sous l'empire de je ne sais quelle influence magnétique, pleine de nonchalantes communications. Je deviens aussi indolent qu'un méridional et aussi frivole qu'une caillette. — Aristide Boissière m'a écrit *questa sera*. Demain, rendez-vous chez ce timbalier de Musard. — Ah ! j'ai soif d'une journée passée, en pantoufles, dans la solitude de ma chambre ! — Cela ne m'est pas arrivé depuis P... — Suis-je donc si changé que je ne puisse supporter une solitude qui me plaisait tant autrefois ?

Journée creuse et tracassée. — Habillé de bonne heure. — Allé au Palais Royal lire les journaux et chercher des livres. Descendu à l'Instruction publique. Pas trouvé R...[1] — Avalé deux œufs et du café à Corazza. — Tourmenté de préoccupations matérielles, mais du moins non abattu. Dieu merci, je n'ai *plus* cet effroyable abattement de cet hiver, mais il est vrai de dire que le *cœur* me fait moins souffrir qu'alors. — Rude époque dans ma vie ! et à laquelle je ne veux plus penser de peur des souvenirs.

Allé chez Ap... deux minutes, puis chez ma ravissante *Tia*, qui était sortie malgré les nuages et les averses. Revenu chez moi brisé de fatigue. Essayé de lire, mais n'ai pu que m'occuper de la femme de la fenêtre d'en face. Il me semble que déjà nous commençons à nous entendre. J'ai compté deux ou trois rougeurs aujourd'hui et deux gestes assez éloquents. Nous marchons. Mais vers quoi ? Qui le sait ? La fantaisie humaine est si bizarre ! — J'ai envie, si elle ne sort pas demain, de passer le soir aussi chez moi.

1. Amédée Renée.

Ses traits sont parfaitement beaux et réguliers. C'est une perfection vue de trois quarts, et le profil, cette chose rarement *bien*, est d'une assez grande pureté; pâle, mais de la pâleur de la vie... Mais pourquoi décrire? Bref, elle me plaît : mais est-ce à mes yeux, ou à mon cœur, ou à ma tête, ou à tous les trois ?

Fait ma toilette et dîné frugalement et presque debout. — Allé chez Musard avec A. B... De jolie musique et de jolies femmes, mais j'aurais mieux aimé ma fenêtre! — Descendu au café de Foy prendre des glaces. Le temps n'est pas très chaud pourtant. — Rentré. — Griffonné ceci. Et je me couche dans l'impossibilité de penser à autre chose qu'à...

21.

Levé de bonne heure selon *il mio costume*, le corps sain, une sève de vie coulant torrentueusement aux artères. Jamais je n'ai eu plus de santé physique et de force que dans ce moment. C'est quelque chose, du reste, que d'avoir de la force physique quand on a besoin de la force morale. Les matérialistes ont raison sur bien des points. — Lu cette correspondance de Fievée, homme d'un es prit calme, prudent et fin, et qui a presque du génie à force de tact. — Distrait par les longs regards et l'enragé manège de mon vis-à-vis femelle. Elle est sortie, et si ma léonine crinière avait été bouclée, je l'aurais suivie et j'aurais jeté mon émeraude dans la mer. Nous ne pouvons rester ainsi, et d'ailleurs je cherche un pauvre petit intérêt, si mince soit-il. — Ah! l'ennui! l'ennui! quelle réponse à toutes choses! — Allé chez ma tante, mais que Dieu la confonde! encore sortie. Le neveu s'use dans ces courses éternelles. — A mon retour, j'ai reçu une lettre de Guérin, triste, presque désespérée, et qui n'a trouvé en moi que sympathies et sensations du même genre. — Ai répondu sous l'impression du billet et de mille pensées que je ne pouvais confier. — Lu et écrit diverses choses jusqu'à six heures. — Le temps s'est purifié et a *bleui*. — Dîné chez Gaudin. — Allé chez Apollinette. Elle était seule et, je crois, dans la disposition des êtres passionnément nerveux, victimes du magnétisme de la volonté des autres quand ces autres en ont une. Mais je n'en avais pas. Je l'aime franchement, mais quoique jolie encore malgré les dégâts du temps, elle a *moins de sexe* pour moi qu'une petite fille, — et il en a toujours été ainsi!

Allé au Palais Royal lire les journaux. Le temps était bien beau pourtant, la soirée bien *sentant bon* pour une occupation pareille. Heureux ceux qui n'ont qu'à se plonger dans la nature, comme Clarence dans son tonneau de Malvoisie, et que la mort atteint dans l'ivresse ! — Descendu chez Renée. L'ai surpris au lit, narcotisé et abêti de son indigne vapeur de tabac. A trente-six degrés au-dessous du *zéro* de son intelligence ordinaire. — Causé, et lui ai lu mon article auquel lui, le *liévreux* et fiévreux rédacteur en chef, a opposé mille sottes raisons platement communes, mais sans pouvoir soulever en moi l'impatience du bon sens blessé : car je suis arrivé à le je *m'en par une f.* philosophique le plus prononcé. — Me trouve trop ultramontain, trop *paradoxal,* mot qu'ils me feront détester ! — Resté jusqu'à minuit. Revenu chez moi par la nuit la plus suave, une nuit à faire oublier tous les sots du monde ! Lu encore. Puis couché.

22 au soir.

La nuit calme, mais le réveil moins bon que les jours précédents. J'ai toujours eu à me plaindre de ce maudit réveil. Levé à neuf heures. Lu jusqu'à dix. Habillé. Sorti. —

Allé à l'Institut, où j'ai lu *Martens* et ai pris un paquet de notes jusqu'à trois heures. — Plus je lis ce qu'ils appellent les principes du *Droit public*, plus je me convaincs de l'inanité des règles et des généralités sur cette matière. Les faits y sont tout. — C'est la morale des champs de bataille ! — Je ne connais rien qui coupe mieux en deux l'absolu qu'un boulet de canon. Voilà pourquoi tous les professeurs, pédants, écrivailleurs de catéchismes politiques, noircissent en vain du papier. Ce sont des niais qui donnent pompeusement à des inutilités le nom de science. Du moins les poètes font du beau; ils amusent; mais eux, que font-ils qu'ennuyer?

Revenu au Palais Royal lire les journaux. Puis chez Gaudin où j'ai dîné. Bu de l'alcool pour rompre mes habitudes de sobriété, et je suis tombé dans ce tourbillonnant abîme du commencement de l'ivresse, dans cette vie qui bat plus fort, qui tinte et éblouit, et dont le charme a tant de puissance. C'est au nom de la majesté de l'intelligence que je relève l'excitation de l'ivresse. On l'a tenue trop bas jusqu'ici, mais tout ce qui eut un *esprit* dans son corps de boue, un *estro*, éprouva le besoin de cette secousse produite par les breuvages, plus profonde, plus dominatrice que celle produite par les parfums.

Rentré chez moi. Ai passé le soir sans sortir. — J'ai savouré la solitude de mon appartement, car depuis P... je n'en avais pas joui et même je l'avais redoutée. — *Elle* m'a laissé dans le cœur un si grand vide et dans la pensée une telle plénitude que je n'osais passer un soir seul. Aujourd'hui, je l'ai pu et sans trop souffrir. Vu tomber le jour à ma fenêtre. — Reçu un billet de Guérin. — Commencé le roman de Marivaux, *Marianne*. — Écrit. — Et vais me jeter au lit et recommencer de lire.

Oublié de noter que il Scudo m'a envoyé de la musique composée sur mes strophes à P... Je les ferai chanter par la gracieuse fiancée de Guérin, qui ne saura pas l'origine de cette romance et pour quelle jeune fille comme elle je l'écrivis, au milieu d'angoisses et de bonheurs tristes qui ne recommenceront plus pour moi. — De tout cela, il n'y a que l'angoisse qui me soit restée, une angoisse sans poignant, sans énergie; une atonie douloureuse, l'engourdissement, mais un engourdissement qui ne sera jamais *de l'oubli!*

23.

Levé à dix heures. Ai supprimé le déjeuner. Fini le deuxième volume de la correspondance de Fievée. Ai écrit trois notes. Puis une lettre. Puis lu les *Mémoires* du Cardinal de Richelieu jusqu'à deux heures et demie. — Fait coiffer et habillé. — R... est venu se jeter à travers cette belle occupation, et il a été renversé de la solennité que j'y mets. — Fort heureusement il est insignifiant; s'il ne l'était pas et qu'il eût du trait dans l'esprit, ce serait l'homme le plus *délétère* que l'on pourrait rencontrer. — Achevé d'habiller en faisant feu croisé de coquetteries avec ma voisine. — Sorti. Un temps chaud, limpide, énervant! — Allé chez Gaudin. Promené dans le Passage Choiseul avec St-B... — Allé chez Ap..., que j'ai vue dîner avec sa sœur et U... C'est diablement gracieux que trois femmes qui mangent; joli spectacle! Moi n'ai rien pris que du sucre pour me soutenir. — Manégé avec U... Lui ai coulé un baiser dans le cou quand nous avons été seuls et lui ai demandé nonchalamment un rendez-vous qui m'a été positivement refusé. Chose qui ne me désespère pas. C'est dans l'ordre. Maintenant elle me l'offrira. Ce sera plus dans l'ordre encore, et tout sera pour le mieux.

Descendu à Valentino. La salle était presque déserte, et parmi les femmes n'ai rien remarqué qui valût l'abaissement d'un regard. — Bonne musique, mais que je n'aurais pas préférée à cette belle soirée pourpre et nacarat qui s'étendait sur Paris, si je n'avais attendu quelqu'un (B... qui n'est pas venu). Remonté au Boulevard. Resté jusqu'à minuit à respirer toutes les puretés du ciel, sur la rampe de Tortoni. N'ayant rien mangé de la journée, par conséquent la tête libre et forte, sans aucune douleur. — Rentré. Pris un morceau. Couché et lu *Marianne*, peu intéressant par les faits, mais d'une forme négligée à dessein et très souvent spirituelle. Moins cependant (et me plaît moins aussi) que ces charmantes comédies, perles fines du collier qui sied le mieux à mademoiselle Mars. — Couché, en proie à des pensées que rien ne peut faire taire en moi. La vie toujours plus forte que la volonté !

24.

Éveillé de bonne heure après la nuit la plus féconde en rêves : image de la vie. — Le temps est d'une vraie magnificence de beauté, c'est le *bouclier d'or* de Wordsworth. — Ai reçu deux lettres, — l'une de Léon, l'autre de Guérin. Les passions commenceraient-elles à se soulever dans celui-ci? Elles prendraient bien leur temps vraiment de paraître juste au moment où il faut les jeter au sphinx du lit nuptial, comme une tunique de guerre *désagrafée*. — Il dit bien, du reste. On n'a pas toujours à un égal degré les *sentiments* de ses *ressentiments*, lueur vraie sur le cœur et mot heureux. — C'est affreux que cela, car c'est la destinée de ces esprits qui caressent éternellement une chimère, et de toutes les chimères, les plus cruelles et les plus charmantes, du moins les plus aimées, sont celles qui prennent le faux air d'un souvenir. Un souvenir ferait moins de mal, à ce qu'il semble, car si la perte de ce *qui fut* est amère, *la perte de ce qui n'a pas été* l'est bien davantage, et il n'y a plus de dédommagement dans la pensée. — Ce que j'écris là touche de bien près à la folie, mais n'en est pas moins vrai de la bizarre vérité de l'imagination et du cœur.

Écrit à ma *Tia*. Puis lu du Richelieu. La pensée est si élevée en cet homme qu'à travers les phrases de cuistre (la manie de méchant auteur), il se glisse parfois des mots familièrement sublimes, qui vous rappellent tout à coup, au milieu de cette pesante et somnolente lecture, que c'est Richelieu que vous lisez : de *ces langages*, comme il dit lui-même, qui partent de tous les instincts du Génie et du caractère et que la réflexion gâterait. — Une pensée me frappe :

La différence qu'il y a entre un homme supérieur et un homme ordinaire et même distingué, c'est que le premier vaut toujours mieux par l'instinct, et le second par la réflexion. La réflexion n'est donc pas une preuve de la supériorité de l'esprit ; ce n'est qu'une bonne habitude. Il y a dans les hommes supérieurs quelque chose de plus *immédiat* et que tous les efforts de la réflexion, si puissante qu'elle soit, ne peut remplacer.

Il est midi. Vais lire et m'habiller en attendant Guérin.

Au soir.

G... est venu. Causerie. Dîné chez sa fiancée. — De l'animation, puis de l'abattement. Mademoiselle de L. F... sombre, sombre ! — Revenu tard par une pluie battante. Mal en train et las. Couché.

Si c'est plus la vie de ma pensée que des faits extérieurs que ces notes, ce *Memorandum* ne devra pas être long aujourd'hui, car les faits ont semblé y dominer la pensée. — Levé à neuf heures, — neuf heures, c'est l'*Aurore parisienne,* comme je le disais à M. de St-G... hier soir. — Allé chez ma tante, qui m'a prié à dîner. Descendu au Palais Royal. Lu les journaux. — Allé au bain. Resté une heure et demie dans l'eau. — Revenu chez moi. Avalé, en vrai crocodile de lecture, le second volume de ce *Gerfaut.* Aussi remarquable que le premier. Pèche par le dénouement qui est commun, mais, du reste, tous les dénouements ne sont-ils pas communs dans la vie? Il n'y a que le nœud qui intéresse. — Une charmante scène, filée avec la désinvolture de la première scène du premier volume (le baiser au piano, digne, comme groupe, de la pantoufle remise), est plus dans la *vérité* du talent de l'auteur que toutes celles qui suivent, quoique belles dans un autre genre. — Fait coiffer. Habillé. Allé attendre ma tante au restaurant. — Pas venue. — D'ennui et d'impatience, remonté jusque chez la Marchesa, qui m'avait envoyé

un coupon. Vu jouer *Madame de Lignerol-
les*. Sotte pièce. Mademoiselle Mars y joue
bien, sans nul doute, mais les faiseurs de
pièces pour elle prennent son talent à con-
tre-sens. MM. de St. G... et de F... sont venus causer dans la loge où nous étions. —
Soupé à minuit au café Anglais. Je n'avais
pas mangé de la journée. — Rentré et couché, la tête lourde et assez disposé au sommeil.

26 au soir.

La nuit sans rêves. Un sommeil pesant,
profond, énorme, à cent pieds au-dessous de
la vie ; un engloutissement dû au homard de
mon souper d'hier au soir. — Levé. — Habillé. — L. B... est venu. Parlé du journal.
Écrit des lettres. — Allé chez ma tante.
Absente ! — Revenu. Pris des pantoufles, et
ai juré par mes pieds endoloris de ne plus
sortir de la journée, ce que j'ai exécuté.

Écrivaillé, et assez en train de composer
si je n'avais pas eu de nerfs. — Tiraillé,
triste, souffrant en somme. — Renée est
venu m'écraser d'ennui jusqu'à quatre heures.
Il aurait fallu lui corriger des vers, mais s'il
m'a pris pour le Génie de la correction et

pour un esprit facile, il s'est diablement trompé, car je n'ai ni souplesse ni abondance, et j'ai beaucoup de peine à me corriger moi-même. — Travaillé jusqu'à six heures, mais toujours ces maudits nerfs! — Le temps chaud quoique à la pluie, la pluie par ondées. — Dîné avec l'appétit de deux repas combinés. — Fourré à lire jusqu'à la nuit. La nuit tombée, regardé par ma fenêtre et chanté mille fragments tout en pensant au passé, la situation la plus découragée de mon âme et qu'elle a souvent. — Travaillé et écrit jusqu'à onze heures. Mais, je ne sais pourquoi, je suis brisé physiquement et je quitte ma table à écrire pour mon lit. Je lirai si je puis.

27, onze heures.

Je rentre écrasé, — un pied dont je ne pourrai bientôt plus me servir et boitant avec une grâce qui eût fait envie à Byron. — Ce soir, l'âme est pire encore que le pied. — Levé à dix heures. Écrit à Apol... Écrit jusqu'à l'arrivée de G...., qui n'a été précédé de sa lettre que de peu d'instants. Parlé raison et devoir qui s'accordent tous deux, dans sa position actuelle, avec le soin des intérêts personnels. — Lu de l'*Amphytrion* et soulevés de rire. — G... parti, couché sur mon canapé et lu jusqu'à cinq heures et demie. On a raison d'appeler l'amour de la lecture une vraie paresse. Incapable de penser à rien, par conséquent ayant besoin de la pensée d'autrui pour me remuer. Habillé. Fait tordre mes cheveux par le fer et sorti. — Allé chez Gaudin. Pas trouvé. — Supprimé le dîner. — Pris une grosse rose (les grosses roses et les grosses femmes me plaisent; j'aime de l'ampleur à toutes choses), et allé aux Tuileries avec A. B... C'est une promenade que je déteste, mais pour causer avec Aristide B... que ne ferait-on pas? — Assez de femmes, un ciel baigné dans des flots d'or pâlissant et la lune mobile à travers les tilleuls. — Revenus ensemble. — Frappé chez la Marchesa, qui avait donné l'ordre de m'envoyer la chercher chez Musard. Mais le concert était trop avancé. — Promené solitairement au Boulevard, ayant besoin de secouer je ne sais quelle lourdeur de pensée. — Plus je vais, plus je sens que je deviens, au fond, misérablement mélancolique. — Rentré. Écrivaillé. Puis ceci. Je me couche et vais néanmoins essayer de travailler. — Penser à écrire à Scudo demain.

28.

Levé à huit heures et demie. Pas reçu de lettres, mais en ai écrit. — L. B... est venu. Causé du journal jusqu'à midi et déjeuné tout en causant. — Pensé à mon feuilleton sur la comédie et y ai travaillé jusqu'à cinq heures. Assez d'idées, mais embarrassé de l'ordre qu'elles doivent conserver et surtout d'une forme que je voudrais très piquante. En somme, ai reconnu une fois de plus que j'ai plus d'esprit que de talent, chose fâcheuse quand le diable et la destinée (c'est tout un) vous poussent à devenir un écrivailleur. — Dîné chez Gaudin tête à tête assez intimement. Le docteur G... est venu. Ils ont ratiociné, en puissants esprits, sur le mariage de Bod... Les ai écoutés en silence, suite du spleen que me donne ce maudit temps de pluie et de froid. Et puis ! et puis ! on ne manque jamais de raisons intérieures pour souffrir ! — Allé chez ma tante, malade et au lit. Vomi des faussetés à pleine bouche ; cela peut s'appeler : *utiliser sa parole.* — Retourné joindre Gau... chez sa maîtresse. Il y est venu une femme que j'ai connue du temps de P..., et quoique cette femme ne soit que de l'ordre des domestiques, elle m'a été une occasion pour retourner, en souvenir, à cette époque de ma vie. Tout m'y repousse encore sans cesse, et toujours j'en rapporte d'étranges sensations. Revenu. Repris mon feuilleton. et voici que j'écris encore (mais ceci) à quatre heures et demie du matin, la tête fraîche et la main ferme, sans avoir senti le besoin du repos une seule fois. — La nuit est noire malgré l'heure, à cause d'une pluie battante qui ne cesse de tomber; un vrai déluge. Quelle tristesse! Heureux les heureux!

. . . .

1er juillet.

Un temps lourd, à ondées d'orage, à écraser tout ce qui a des nerfs. Je suis tellement las de ma vie que je suis tenté de laisser là ce journal. L'ennui me mène à bout de toutes choses. — Levé à neuf heures. Dormi chaudement. Souffrant presque ce matin, mais un malaise vague, général, affadissant, la fièvre au fond des mains et de la soif. Symptômes réactifs du mal intérieur et inguérissable : la vie ennuyée!

Rien noté ces deux jours. Qu'importe! Je suis allé chez madame de F... passer le soir et hier j'ai vu marier Bod... Assisté à une cérémonie pareille pour la première fois de ma vie. Assez content des formes données à tout cela, mais le marié avait un air moitié amoureux, moitié victime, qui rapetisse et enniaise la chose. — Sa femme était moins embarrassée que lui. N'est pas jolie, mais les yeux baissés et de trois quarts a une physionomie assez noble. — Après la cérémonie, allé causer chez la Marchesa. Fort en train, la flèche vibrant sur l'arc tendu, mais, comme il m'arrive toujours, je me suis dépensé pour toute la journée. — Au dîner de mariage resté froid, immuablement froid, au milieu des joies d'eux tous. Ils ont dansé, et Guérin autant qu'eux, avec une persistance invincible. Moi n'ai pas quitté mon piédestal qui était la cheminée, contre laquelle je suis demeuré le dos tourné, à la Siméon Stylite, car j'ai un pied qui ne pose pas plus à terre que le sien, tant il est souffrant.

Aujourd'hui pas de lettres. Lu. Descendu au Journal. Pas trouvé L. B... Revenu et refourré à lire. — G... est venu. Causé et dit mille folies. — C. M... m'a envoyé un billet. — Allé chez la Marchesa. Resté accoudé sur sa causeuse dans un inexprimable anéantissement. Ces dames étonnées de l'indolence de mon esprit. — Dîné chez Gaudin.

Le docteur est venu. Ne connaît pas plus les hommes que s'il n'y en avait pas. C'est singulier, car enfin ce n'est pas un savant vivant dans son cabinet et ne pratiquant que ses livres. — Allé avec G... chez madame A... dire des inutilités. — Un diable de temps. Je rentre avec un commencement de migraine. Essayé de travailler, mais sans *estro*; donc couché.

2 juillet.

Levé et prêt à sortir à neuf heures. — Allé au Journal. Vu M. de Grimaldi, homme de bonne compagnie à ce qu'il m'a paru. De nom, il l'est sans aucun doute, mais de fait il aurait très bien pu ne pas l'être. A notre époque ce n'est pas rare. — Lu les journaux, corrigé des épreuves et fait ma correspondance. Tout cela m'a mené jusqu'à deux heures. — Rentré. Le temps beau, mais nuageux. — Lu à bâtons rompus. — Fait coiffer. Habillé. Sorti. Chez G... Puis chez ma tante, où j'ai déployé un véritable génie de plaisanterie. — Mon feuilleton a paru ce soir. Il paraît qu'ils l'ont trouvé bien, mais diablement paradoxal. Des paradoxes! Ah! parbleu! je leur en lâcherai bien d'autres aux jambes.

Ils verront. — J'ai tellement la haine du commun que la vérité m'ennuie et me dégoûte du moment qu'elle se répand. Fâcheuse disposition, mais c'est la mienne. Je ne suis point un sage, non! morbleu! mais la folie incarnée, surtout depuis quelque temps. Je trouve une volupté dans la déraison, et, le diable m'emporte! ceci pourrait tourner mal.

Rentré à onze heures (bonne heure pour ma *tardive* seigneurie). Fourré à leur faire un article sur le couronnement de la Reine Victoria. En train, animé, ferme et souple, bonne chose que cet article, mais ils le hacheront menu comme courges, car l'instinct carliste s'est réveillé en l'écrivant. — C'est fâcheux, la *Gazette de France* aurait là un *premier Paris* comme de longtemps on n'en a vu dans le damné grimoire de ses feuilles. — Couché tard, n'ayant rien mangé de la journée qu'un morceau de sucre et un peu de pain. Ce qui me rappelle que Guérin dîne aujourd'hui chez son *ancienne* charmante, son endiablée *Lespinasse*, qu'il frotte le plus qu'il peut de l'*autre*, par affection et par admiration pour toutes deux. *Oïme !*

3 juillet.

Levé dès six heures du matin contre ma coutume et pour me rompre à l'inattendu. — Achevé mon article. L'ai livré à L. B..., qui, comme je m'en doutais, l'a trouvé carliste et m'a demandé la permission d'y faire des coupures. — Accordé !

Le temps a envie (mais moins que moi) de se mettre au beau. Toujours nuageux cependant ! — Lu du Richelieu jusqu'à deux heures. — Habillé. Coiffé. Allé au Journal. Chargé d'un article sur la question d'Orient à propos du *Morning Chronicle*. L'écrirai demain, car ce soir j'ai soif de sommeil. — Allé chez la Marchesa. N'a pas trouvé mon feuilleton *digne de moi*. Opinion bien femme, du reste; les femmes ne comprennent pas les généralités. A cherché à *m'impressionner* avec une coquetterie bien tendre ou bien sournoise, mais je suis resté impassiblement doux, avec des prunelles de marbre fixées sur la flamme noire des siennes, — flamme de l'esprit plutôt que de cœur et pas du tout des sens. — M'a fait boutonner ses gants, des gants chamois par parenthèse, et je me suis acquitté de ce *service* avec la grâce et l'adresse d'une soubrette. Puis m'a présenté son front pour récompense, et j'ai mis mes lèvres dans la raie des cheveux partagés, et cela purement, simplement, comme de vieux amis. — Singulier sentiment que le nôtre, et qu'il a de singuliers jours!

Elle dînait en ville; moi qui avais déjeuné très sobrement et pas mangé hier, je n'ai pas dîné du tout. — Je recommence de discipliner *cette carcasse*, comme disait Turenne, dont il étouffait les murmures. — Descendu chez G... Pas content de lui, hargneux, humorifique, égoïste, non de fait, mais de disposition. — Allé chez Ap... prendre une rose. U... y était avec son monstre de mari, espèce de croquant que je n'ai pas même regardé. — J'avais l'intention d'aller voir la *fiancée du poète*, mais j'ai rencontré madame de L. R..., qui m'a intimé d'aller chez elle, et j'ai obéi. Il y est venu plusieurs personnes, entre autres sa nouvelle cousine, la troisième femme de M. A. D... Laide quoique blonde, disgracieuse et inharmonieuse créature. — Me suis trouvé assez de trait dans l'esprit ce soir. Sorti par conséquent de l'alourdissement de ma journée. Cet hiver je m'anéantissais. maintenant je m'engourdis; j'aimais presque mieux la première sensation. — Revenu moitié à pied, moitié en voiture, avec madame Z..., qui a ri aux larmes de mes malicieuses interprétations. — Ne manque pas d'esprit et a cette imagination vive et nerveuse qui achève les perspectives qu'on entr'ouvre, par conséquent bonne matière à écouter, terrain élastique sur lequel rebondit la balle ! — Il paraît que je ferais un excellent bouffon. Comme je n'ai pas de spécialité, pourquoi ne me donnerais-je pas celle-là ?

Écrit ceci. Et vais me coucher. — J'ai un froid singulier et que j'attribue à des glaces prises trop voluptueusement ce soir chez madame de L. R...[1]

Penser à écrire demain à R...

4 juillet. Dix heures du matin.

Aujourd'hui un temps magnifique, le ciel épuré, et comme lavé par les pluies des jours derniers, beau marbre bleu qui étincelle ! l'air doux et chaud, journée charmante qui se prépare pour ceux, hélas ! qui pourront en jouir. Moi pas ! Je resterai probablement sur mon canapé, dans la solitude de ma chambre, ce pandémonium de mes rêves. — J'ai mal au pied et *aussi à l'âme*, comme disait avec tant d'affectation mademoiselle de Les-

---

1. Madame de La Renaudie.

pinasse. Cependant le beau temps influe sur mon humeur, et même pour rester seul dans ma peau d'ours je l'aime mieux que la pluie. Ah ! ces délicats de la souffrance qui recherchent les impressions mélancoliques ne connaissent pas la misère du cœur.

Levé à sept heures. Fait mon article sur la question d'Orient. Écrit d'un style simple et large, le style des affaires et non d'un écrivain. — L. B... est venu. L'a lu et a été étonné de cette simplicité mâle et de cette vue de bon sens. — Écrivaillé jusqu'à cette heure (midi). — Envoyé un billet à R... Et... mais voici Guérin, mon messager de paix et de bénédiction, quoiqu'il enferme souvent bien des troubles dans son sein.

Au soir.

Causé et lu avec G... Habillé et allé au Journal. Lu les journaux. Laissé causer M. de Grimaldi plutôt que je n'ai causé avec lui. Parlé de madame Ancelot qu'il dit *ravissante*. Le mot ne signifie rien du tout ; c'est un mot de Paris, ce n'est pas un jugement. On n'a pas l'air le moins du monde *ravi* quand on dit qu'une chose ou une personne est *ravissante*. Il n'y a qu'en France où l'on ait trouvé le moyen de se servir impunément des expressions les plus enthousiastes.

Revenu. — Déshabillé. — Dîné de légumes et de viande bouillie. — Resté sur mon canapé, lu et écrit diverses choses. En somme, une soirée assez douce. — Pas d'intérêt, mais comment en avoir qui dure et qui anime la vie? — Envoyé chercher des livres. — Travaillé à *Madame de Gesvres*, mais des douleurs assez aiguës accompagnées de palpitations m'ont interrompu et je me suis couché.

5 juillet.

Levé à neuf heures. Mieux portant qu'hier soir, mais pas très raffermi encore. Entouré mon pauvre pied de bandelettes. La femme qui le panse l'a trouvé plus malade encore que je ne croyais. — J'ai pourtant une visite à faire ce soir! — Le temps est beau, mais orageux, et les plaines de Caen doivent être belles de ce temps. Toujours ma pensée y retourne! Voilà bien des années déjà que je ne les ai parcourues, *de jour du moins,* et sous ces torrents de soleil dorant les hauts blés qui frissonnent! — *Oh! quando te aspiciam, rus?* — Je ne sais; je tiens en dehors et en dedans de moi à Paris par des liens bien étroits, et peut-être si je le quittais, même momentanément, le regret me prendrait-il. Quand je me demande ce qui arriverait si j'étais obligé de vivre loin d'ici (excepté à l'étranger, où l'on a l'intérêt de sensations nouvelles), je suis tout épouvanté et n'ose répondre à cette question.

Lu et fini le premier volume de *Marianne*, — d'un grand artifice d'arrangement, d'une habileté très remarquable dans la manière dont les événements se nouent les uns dans les autres et dont les personnages se retrouvent, ce qui suppose une certaine force de tête dans Marivaux, mais pas intéressant par le fond. — Lu du Fievée (la *Correspondance administrative*), tout le premier volume sans désemparer.

Au soir.

Je rentre par le temps le plus napolitain, un ciel bleuâtre où la lune répand sa coupe d'or, une température exquise. C'est à ne pas se coucher ce soir ! — Depuis tantôt, qu'ai-je fait ? Voyons !

Écrivaillé... je ne sais plus quoi. Puis habillé. Sorti. Aux journaux. Mais il était trop tard, ces messieurs avaient filé ! — Lu un

courrier. — Dit en passant bonjour à Ap...
— Revenu. Dîné chez moi. — G... est venu
me prendre pour cette visite. Trouvé du
monde. Conversation insignifiante, commé-
rage de Paris et de théâtre, fade chose. —
— Allé vagabonder, causant poésie, infini,
sensation, à propos de cette belle soirée et
de quelques vers de Hugo que nous avons
chantés tout le soir, — le branle de la lame !

Tout frappe à ta porte bénie, etc.

Ils sont d'une élévation et d'une grandeur
qui saisit, mais ne vous lâche pas. — Caractère de tout ce qui est beau : fécondation
de la pensée.

Pris des glaces au Café de Paris et à ciel
ouvert. Il ne nous manquait que le golfe
pour nous croire à Naples. — Rencontré la
Marchesa. L'ai saluée et montrée à G... —
Après avoir quitté G... ai remonté pour la
trouver au Café de Paris, mais elle était déjà
partie. Rentré désappointé. — Écrit ceci. —
Me couche et lirai dans mon lit.

6 juillet.

Journée dépensée sans profit d'intelligence.
— Le corps souffrant, — pourtant le temps

est beau et je me suis secoué par les choses extérieures. — Levé à huit heures. — Habillé. — Deux minutes chez Gaudin. — Puis au Journal. Lu les journaux. — Mon projet était d'aller travailler à la Bibliothèque Royale. mais mon temps s'est trouvé pris et suis resté au Journal jusqu'à quatre heures. — Sorti les nerfs renversés. — Allé au bain et resté une heure et demie dans l'eau. Mieux en sortant du bain, mais pas bien encore. Est-ce que ma santé recommencerait d'aller mal?

Je ne sortirai pas de tout le soir. Vais essayer de travailler, mais je crains que mes idées ne m'entraînent. — Contrarié, irrité, parce que je ne puis dîner avec G... demain. Ah! il faut que ma position change! il le faut.

Je n'ai jamais eu plus de courage que maintenant pour aborder la pratique de la vie. Ce courage, quels que soient les ennuis et les obstacles, n'est pas de nature à être abattu.

9 juillet. Au soir.

Voici les interruptions qui reprennent; c'est la vie indisciplinée et le repli découragé de l'ennui. J'ai pourtant travaillé, car, si cette vie de journaliste tient ce qu'elle promet, je l'aime assez. Puis me suis dompté, et ce n'est pas petite chose que cela, avec un caractère comme le mien. — Oh! si l'on savait! Mais pourquoi écrire ces choses... Non! je ne les écrirai pas.

Excepté... n'ai pas dans le cœur une préoccupation qui me soit douce et qui rachète un peu l'égoïste indifférence de ma vie, et... n'est pas là; elle vit loin de moi.

Aujourd'hui levé à huit heures et demie. Habillé et allé au bain, que j'ai pris long, long, — le temps de lire tout le premier volume de la *Chute d'un Ange*, le nouveau poème de Lamartine. L'ai lu, bardé de préventions dont il a fallu bien revenir, car il y a, malgré les incorrections, les longueurs, les défauts ordinaires de la manière de l'auteur, des beautés vraiment supérieures. On s'étonne que le même homme ait fait cette platitude fadasse de *Jocelyn*. — Du reste, le public, avec son génie d'appréciation ordinaire, n'a pas manqué de s'y méprendre. *Jocelyn* a eu tout le succès que n'obtient pas la *Chute d'un Ange*. Je ne signerais pas toute la partie enthousiaste de la critique de Planche; mais je la conçois. Seulement, au contraire de lui, ce sont les détails qui me semblent poétiques, et non l'idée du poème, qui traînaille partout.

Allé au Journal. Les ai lus tous, excepté les *Débats* et le *Courrier*. — Cette lecture m'énerverait l'esprit si je ne le relevais pas par des aliments plus substantiels. — Revenu *at home*. Rangé une foule de papiers et tombé dans l'angoisse de la plus violente colère contre ce qui n'existe pas, contre *rien* (cette colère est la plus affreuse de toutes), parce que je ne trouvais pas une lettre dont j'avais besoin. — La femme d'en face m'a calmé avec ses regards longs, doux, attentifs. — Habillé, coiffé et sorti. Dîné chez G... La paresse et mon pied boiteux m'ont empêché d'aller voir la jolie *Caro* de G... — Entraîné par Gaudin chez madame A... — Étendu sur le canapé, l'esprit aussi indolent que le corps. Critiqué des vases et trouvé une robe jolie. C'est toujours cela! — Promené au Boulevard. Un temps serein, pur, bleu pâle, avec une lune pâle et des étoiles d'un or pâle. C'était charmant que ces blanchissantes harmonies nocturnes. Un monde fou. Après avoir erré longtemps, appuyé sur la rampe de Tortoni, mon *poste* ordinaire. — Attendu G... l'infidèle. M. de Grimaldi est venu m'inviter à prendre des glaces. Ai refusé, mais suis entré avec lui. Il était accompagné de peintres qui m'ont pris (mos est) pour un Espagnol. Les ai entendus *trestous* discourir, avec une indifférence silencieuse digne d'un pacha, me retournant de temps en temps du côté de la fenêtre ouverte pour voir un morceau de ce beau ciel, coupole faite d'un argent bleuâtre et que je préférais à toutes leurs conversations. Ils me regardaient pour voir si j'avais l'air de comprendre leurs idées sur je ne sais quoi et leurs jugements sur je ne sais qui. Mais ils me prenaient probablement pour quelque médiocrité de salon, et moi je jouissais de mon silence et de l'opinion présumable qu'ils pouvaient avoir de ma personne. — J'ai pensé aux Rois qui aiment à garder l'incognito. — Revenu. Ah! si j'avais eu quelque causerie d'ami dans un des angles du Café Anglais, la fenêtre ouverte à la nuit sonore et tiède, et la table du souper entre nous, comme aux jours passés, je ne me serais pas arraché si vite au charme de ces nuits d'été qui nous font rêver du midi et des pays où l'on dit qu'elles sont plus belles encore. — Écrit ceci dans mon lit. Il est près d'une heure. Bon soir.

10 juillet.

Levé à neuf heures. — Habillé. — Au Journal. Chargé d'un premier *Paris*. — Re-

venu chez moi où je l'ai écrit après déjeuner.
— Retourné au Journal. Le pied dans un état
de souffrance intolérable, par conséquent
obligé de sortir en pantoufle. Une coquette et
étincelante pantoufle, par parenthèse. — Lu
les journaux. Resté à parler à bâtons rompus
avec ces messieurs, — parler et non causer;
il y a des gens avec qui l'on ne cause pas. —
Cependant M. de Grimaldi est spirituel,
mais son esprit a trop de nombre, est trop espagnol. Avec mon amour du *trait*, je dois lui
paraître *à prétentions*. Cependant nous nous
touchons par les manières, ce noble truche-
ment des gentilshommes. — Dîné chez G...
et rentré chez moi pour faire ma toilette. —
Allé chez ma tante, qui part demain, mais
revient dans quinze jours. L'ai accompagnée
au café de la Madeleine, où nous avons pris
des glaces. L'ai quittée à onze heures. Monté
au Boulevard. Belle foule expirante, clair de
lune élyséen, de la vie partout. — Espérais
rencontrer la Marchesa sortant de quelque
spectacle et traînant sa démarche ondoyante
dans cette nuit qui rend les femmes belles
plus belles encore. Mais n'ai rien vu qui res-
semblât à la *fair warior* que je cherchais.
— Rentré et mis au travail malgré la lassitude. Pas en train. — Écrit un billet à Gue-
rino. — Refourré au travail, mais comme

l'attention ne s'emporte pas de haute lutte dans les êtres nerveux et irréguliers, j'ai envoyé le travail à tous les diables et me suis couché.

II.

Quoique je me fusse couché hier à deux heures, ou pour mieux parler aujourd'hui, debout et prêt à sortir à six heures. Quel beau démenti ma *paresse* physique et mes *délicatesses* pleines de *morbidezzes* donnent à des jugeurs comme Gaudin, par exemple. Il n'y a qu'une aptitude, c'est la volonté, mais la volonté a besoin d'un intérêt. Est-ce ma faute, à moi, si cet intérêt n'est pas toujours pour moi où il serait pour les autres? Puis-je leur *souffler* ma manière de sentir? — Allé au Journal, broché le commencement d'un article, mais l'esprit aride, et d'ailleurs sous l'empire de préoccupations douloureuses, ai tout laissé là. — Allé chez Ap... dire des riens et continuer mon féroce système de froideur. Quels égoïstes pourtant que nous tous! Pas resté longtemps. Puis chez ma tante, à qui j'ai servi de femme de chambre pour sa toilette. Une camériste dégourdie, avec des moustaches assez *libertines*, mais qui n'ont

pris, je m'en vante, aucune *liberté*. L'ai conduite à la diligence brisé de fatigue, de chaleur et d'un immense ennui. Par conséquent
acquitté de mes devoirs de neveu avec une
ponctualité exemplaire, et le pied toujours en
pantoufle! — *Ahi! povero calpigi!* — *Jeté*
dans un cabriolet qui m'a *jeté* au bain. Suis
resté dans l'eau deux grandes heures et en
suis sorti dans cet état de langueur pâle
qui me charme toujours. — Fait le petit
Pline, car j'ai lu au bain tout un volume in-8°
(le second volume de la *Chute d'un Ange*),
mauvais en comparaison du premier. — Revenu sous les rayons d'or de six heures et
demie. — Qui sait ce que c'est que le caprice ?
Ai regretté que la *Graciosa* ne fût *plus* sur
mon chemin, et pourtant il y a des temps infinis que je n'ai fait un pas pour la voir ; mais
l'homme est bâti de ces bizarreries! Sotte
œuvre, après tout! — Trouvé une lettre de
G..., distinguée et du meilleur ton de son exquise manière. Fait une belle apologie de l'i-
vresse, — poétique ivrogne! Aujourd'hui
mettra-t-il ses théories en pratique?— Il dîne
chez la Baronne... son Astre couché. — Va
fourrer sa botte vernie de dandy entre deux
jolies jambes (jolies, je suppose), recouvertes
de bas azur, avec jarretières lazuli, — celle
de la Baronne et celle de mademoiselle de

R..., la convive à ce banquet parfumé de pensées mélancoliques et de toute l'essence (à donner la migraine) de l'esprit des grandes dames. — Dîné avec une verve d'appétit très remarquable. Étalé sur les coussins du canapé jetés à terre, et resté ainsi à digérer comme une bête fauve largement repue. — G... est venu, puis parti; moi resté dans mon attitude de bête renversée sur le flanc, au grand étonnement de femmes qui se trouvaient alors chez mon Amour d'en face, laquelle me jetait, par dessus leurs épaules à toutes ce regard plein de passé déjà et peut-être d'avenir. — La nuit est tombée. — Écrit ceci la tête lourde. Bu du sirop de vinaigre et vais lire dans mon lit si je puis.

12, Au matin.

Éveillé à six heures, levé à huit. Un temps brûlant, inondé de soleil, de molécules d'or et de poussière. L'atmosphère lourde. Un jour dévorant, en travail d'une nuit charmante. Je désire le soir. — Assez bien portant, mais. hélas ! toujours la patte cassée et traînant comme l'aile saignante du pauvre pigeon voyageur. — Viens de faire tordre les boucles de ma chevelure pour aller travailler au

Journal. Cela rappelle : *Relevez donc cette boucle, madame, vous le gronderez mieux.* Mais moi, écrirai-je mieux ? — J'ai des lettres à griffonner. Expédions-les et sortons.

Allé au Journal. Fait un premier Paris pour demain. — Revenu chez moi. Trouvé G... Causé et lu. L'ai reconduit jusqu'au passage Choiseul. — Revenu faire un peu de toilette. Payé une note de gants. Dîné chez Gaudin. Allé flâner chez madame Al... Appris qu'une femme qui me détestait pour mon air hautain a fait volte-face dans ses sentiments pour moi. et que maintenant... Ma foi ! les Anciens ont raison : *Varium et mutabile.* Je crois, en vérité, sur ces êtres-là, aux influences de la lune.

Promené au Boulevard sous une large lune qui s'est levée bien tard dans le ciel obscur. — Rencontré B... très fringant. Puis la Marchesa, avec laquelle (et sa mère et le Baron) j'ai pris des glaces au Café de Paris. — La Marchesa *frappée* de pâleur, tant elle en était atteinte, les yeux sombres, l'air vague, le sourire distrait, les poses appesanties, idéale enfin comme la Niobé. — Entrevu et salué notre voyageur Thio, qui faisait prendre des sorbets à d'assez beaux yeux noirs. Avec ce sorbet et ces yeux noirs il avait l'air de posséder le vrai paradis d'un Persan. —

Rentré vers une heure du matin. Bu du sirop de vinaigre, — et trempé mon pied malade dans de l'eau froide pour en engourdir les douleurs. — Je me jette au lit et vais lire si la fatigue ne me pousse au sommeil.

i3, au soir.

Éveillé et levé à huit heures. Fourré au travail immédiatement. Travaillé jusqu'à dix heures, l'attention perçante et sans cesser même pendant qu'on pansait mon pied. — Le temps immuablement beau et brûlant de plus en plus des chaleurs toujours accumulées de la veille. — Allé au Journal. Lu les journaux. — En revenant passé chez Ap..., où j'ai pris une grosse rose, épanouie jusqu'à s'en déchirer. — Resté chez moi sous les persiennes fermées à lire sans être distrait par l'artillerie de regards de mon Amour d'en face. Je la crois partie pour la campagne, où ce pâle front va se vulgariser et se brunir. Sotte chose ! — Vraiment, est-ce que j'y tiendrais ?... — Fait un *brin* de toilette. — R... est venu, et, malgré les répugnances, mon deuxième article paraît dans son *Instruction publique*, qui est fort ignorante. Cela m'arrange ! — Allé chez Gaud. Puis au Journal

pour des billets de ce soir. — Refusé de dîner chez Véfour avec M. de Grimaldi, parce
que j'avais promis à Gaud. Donc dîné chez
Gaud., assez gaiement. Rejoint M. de Grimaldi au Palais-Royal. Allés ensemble aux
Français. Assez de monde, par conséquent
une chaleur tuante. — Écouté cinq narcoti-
ques actes dont j'ai à rendre compte demain,
et j'ai pris un avant-goût du feuilleton en
bâillant démesurément. — La Marchesa
était en loge avec madame de Saint-M... —
Mademoiselle Noblet aussi mauvaise qu'à
l'ordinaire et aussi jolie. Elle me plaît! et il
m'en coûtera, à moi l'homme injuste par
excellence, de dire sur qui me plaît tant la
rude vérité demain. — Mais la dirai-je? Elle
a un front si noble et des yeux si beaux!

Allés en voiture à Tortoni prendre des
glaces. Resté jusqu'à près d'une heure du
matin. — Rencontré A. de B..., qui m'a fait
des propositions pour entrer à l'*Europe*. Pré-
cisément le journal antipodique à celui qui
avait un article de moi ce soir. Mais qu'importe! Des idées ne sont que des idées, et en
politique qu'y a-t-il de plus que des vérités
relatives? — Nous verrons si c'est arrangea-
ble. — Rentré par une délicieuse brise et de
beaux nuages noirs à l'occident, — *diadémés*
d'éclairs. — Écrit à G... pour l'inviter à dé-

jeuner *con noi* dimanche. C'est Gaud... qui est notre amphitryon.

14 juillet.

Journée occupée, mais non comme j'aurais voulu. J'ai une foule de choses à faire et que je remets depuis huit jours, tant mes damnés moments sont comptés! — Levé à huit heures. Le temps plus agréablement beau que ces jours-ci. Une splendeur fraîche! — Allé au Journal. A onze heures descendu à l'*Instruction publique,* et, comme d'usage, n'ai pas trouvé R... C'est la règle générale quand il donne des rendez-vous. Je commence à me blaser sur ces aimables façons-là. L'ai attendu, mais en vain, travaillant à son bureau comme j'eusse fait chez moi. — Lu tout le premier volume in-8° des *Mémoires de miss Aikin* sur *Élisabeth.* Style de pédante et de prude en parlant d'une prude et d'une pédante. Jugements de femme, balivernes, mais détails curieux, après tout. — Revenu chez moi. Lu la *Correspondance administrative.* Tête vraiment politique, ce Fievée. Il a presque raison sur tous les points, ce qui est impatientant parfois. — Habillé et sorti assez tard. — Dîné au restaurant. Passé jusqu'à dix heures

à causer à Corazza avec Aristide. — Obermana plus statue blanche que jamais. —
Promené seul au Boulevard. — Une nuit
sombre, sans étoiles, mais un ciel haut et des
brises adorables. — Ai rencontré madame
D... qui m'a regardé avec intention, mais n'a
osé me parler. — Rentré anéanti, et il faut
pourtant que je griffonne ce satané feuilleton
pour demain. — Je ne dormirai guères cette
nuit.

15 juillet.

Dormi deux heures malgré moi, ce qui ne
me serait pas arrivé sans cette chaleur acca-
blante. — Travaillé au feuilleton, que j'ai
achevé, jusqu'à dix heures. — G... est venu.
Me suis habillé tout en lui dictant ce que
j'avais écrit pour aller plus vite. — Le temps
à la pluie. — Déjeuné chez Gaudin. Le déjeuner bon et communicatif avec une gaieté
légère, mais sans ivresse de vin ou d'idées.
— L. M... est venu me chercher pour m'en-
traîner à Écouen, mais je n'ai pu l'accompa-
gner. — L'ai persiflé. C'est un enfant qui
complique une liaison mâle et pleine de droiture comme les hommes doivent en avoir
entre eux, par de l'amour-propre et de la

bouderie. — Allé au Journal. Lu les journaux. Corrigé mon feuilleton dans un état d'agacement et d'impatience vraiment incompréhensible. — Oh! les nerfs et la digestion! Deux mystères! — Revenu chez moi les mains sèches et brûlantes et le corps lourd. — Couché sur mon lit. — G... est revenu et nous avons causé longtemps et d'intimité. — N'est pas jaloux; est plus touché de la confiance que de tout autre sentiment. Singulière nature, mais après tout pleine de noblesse! — Sortis quand le jour a été tombé. — Un ciel épuré, une nuit sereine, un firmament verdâtre où la lune allait monter, mais qui, n'y étant pas encore, y projetait une lueur mystérieuse. — Promené au Palais-Royal sous les tilleuls. Puis avalé de l'eau de seltz (caprice à l'ordre du jour) et du sirop de framboise à Corazza. — Rentré et couché, n'aspirant qu'à un peu de repos et presque souffrant.

16 au soir.

Aujourd'hui mieux! — Le sommeil de cette nuit m'a fait du bien. — Levé vers neuf heures. Reçu une lettre de... Me parle de l'éducation de ses filles. Une lettre sage et spirituelle, mais si elle savait que cela n'y fait rien ! — Qu'elle élève la fierté de ses petites filles et leur donne de jolies manières, et elles seront toujours assez bien élevées. — Habillé. — Allé aux journaux. Griffonné un entrefilet. — Descendu au bain. Y suis resté plongé deux heures et demie, toujours par suite du même voluptueux système d'affaiblissement. Pendant ce temps, ai lu le premier volume des *Mémoires du Diable* de Soulié, pour voir ce que c'est. Du talent réel parfois, mais faux. — Revenu chez moi. Dîné. Fait diverses choses, entre autres la suprême, ma toilette. — Sorti avec la nuit. Allé chez la Marchesa. Mis un billet. Descendu chez madame A... où j'ai pris de l'eau de Cologne dans de l'eau sucrée à cause d'un soudain mal d'estomac. — Revenu avec G... et assis au Café de Paris avec la Marchesa et son mari et... les habitués. — Elle gaie, taquine, impérieuse, faisant la reine, la grande impératrice, d'une fantaisie absurde et joyeuse, — gracieuse au fond ! M'a dit mille biens de mon feuilleton et m'a trouvé l'air rêveur. Est-ce que j'aurais cet air-là ? — Rentré modestement et couché à onze heures et demie après avoir écrit ceci.

17 juillet.

Levé à huit heures. — Habillé. — Allé au Journal. Lu les journaux. Fait un *entrefilet*. — Allé à la Bibliothèque Royale consulter Malte-Brun, dont j'avais besoin. — Revenu chez moi et habillé. — Retourné au Journal, mais passé chez Ap... où j'ai vu L. M..., qui prétend partir pour je ne sais où parce qu'il est nommé je ne sais quoi, mais il ne partira pas ou partira pour revenir. — Amour, pitié, vie arrangée qui lui manquera plus encore qu'à un autre parce qu'il n'a jamais vécu de cette atroce vie de l'isolement qui flétrit les plus belles jeunesses. — Allé au Journal. Causé avec M. de La Gorre, qu'ils disent si grand acteur et que j'ai tant envie de juger. Allé au faubourg Saint-Germain avec G... Commandé un gilet. — Dîné chez C... où j'ai parcouru une *Revue des Deux-Mondes*. Il y a un article fort niais de ce niais de Sainte-Beuve sur ce niais de La Fayette. — Allé chez G... Sa fiancée très jolie dans sa robe bleue, mais moi, j'en avais une d'ennui, la chape de plomb *dantesque*, et je n'ai pu causer. — Parti de bonne heure et ai conduit Gaud... chez sa maîtresse. — La nuit belle. — Rencontré Aristide au Boulevard. Pris de

lui des renseignements sur le docteur Francia, car il connaît très bien l'Amérique et
en parle de manière à intéresser. — Rentré.
— Lu. — Et au lit.

18.

Une journée pleine de faits, et par conséquent légère de sensations douloureuses. —
Habillé à neuf heures. — Maria est venue.
— Descendu collationner des *Revues Britan-
niques* au Palais-Royal. — Allé au Journal.
— Lu les journaux. — Improvisé un Premier-
Paris contre *la Quotidienne*. La polémique
m'assouplirait au journalisme, tant j'ai d'instincts de guerre en moi! — Écrit à ma mère.
— Revenu et lu jusqu'au dîner. — Dîné chez
G... — Fait coiffer après dîner. Puis allé
chez la Marchesa. Le monde ordinaire. Elle
nonchalante, un pli aux lèvres, un pli entre
les yeux, et ceux-ci noirs et perçants plus
que jamais. *Sa* physionomie vraie! — Revenu
à dix heures causer avec Aristide. — Il est
minuit et j'ai mon article à faire sur le docteur Francia. Donc je ferme ce *Memorandum.*

Levé à six heures et demie. — Le temps beau, mais froid. C'est la beauté la plus aimée dans les femmes que la *beauté froide*, du moins par moi, mais j'aime mieux que le matin soit un peu plus chaud. — Travaillé à mon article, que je suis allé finir au Journal à cause de certains documents que je n'avais pas. — Diablement bon, cet article, — un morceau historique assez élevé. — Ce Francia est de la meilleure pâte des hommes d'État. — Et pourtant j'aurais pu, sur cet homme de génie et de caractère, creuser mon opinion davantage. Mais les exigences du journal doivent être obéies. Il faut savoir danser avec des sabots de plomb. — Livré mon article, qui ne paraîtra que demain à cause de sa longueur. — Parcouru les journaux. — Revenu chez moi vers quatre heures. — Lu, puis habillé, — et dîné chez Véfour avec G... et je ne sais plus quel marchand de chevaux qui a de la conversation comme un palefrenier. — Le dîner bon, mais peu assaisonné d'esprit. Quitté ces messieurs et monté chez Ap... que j'ai raillée sur le plus blanc des bouquets blancs qu'elle *ficelait* de rubans verts. Joli, en somme ! et me plaisant

comme si je n'étais pas, depuis ce sacré journal, réputé jacobin. — Du moins, c'est le
mot de ce vieil étourdi de F... que j'ai rencontré au Boulevard. Promené longtemps et
rentré dans un écrasement universel des organes. — Lu dans mon lit, mais l'attention
peu soutenue. — L'isolement de mes soirs
me *repersécuterait-il* de nouveau :

20, minuit.

Je rentre brisé de fatigue. — Ma journée
s'est passée en soins extérieurs. C'est ennuyeux, car je ne voudrais que noter mes
pensées ; — le reste, que vaut-il ? — Ce matin levé à six heures. — Écrivaillé. — Le
vicomte de B... est venu m'entretenir deux
heures de son procès. Sens droit et fin, raison forte sous une noyade de paroles lourdes. — Habillé. — Allé chez G... où j'ai déjeuné, *teste* L... qui se déniaise, sans en devenir moins sot, — chose immuable ! — Allé au
Journal. — Lu les journaux français et espagnols. — Corrigé des épreuves, puis causé
avec R..., homme prétentieusement épais. —
Allé au quai de la Tournelle dîner au *Cabaret* avec L. B... et G... Pourquoi Guérin
n'était-il pas avec nous ? — Revenu et tra-

versé les ponts. Le soir était froid, — l'eau, verte comme l'aigue marine elle-même, se creusait en mille plis sous le vent. Le ciel rougissait de l'hortensia au carmin, et dans cette nappe de pourpre se dessinait en noir la double tour de Notre-Dame. Beau spectacle qui valait la peine d'aller. — Revenus en voiture. — Flâné chez madame A... Appris beaucoup de propos féminins et de jalousies dont je suis l'objet, *quod juvat et delectat* ma très gracieuse sérénité de fatuité. — Revenu harassé. — Écrit ceci et couché après avoir pris une note sur Byron. — Il avait la volonté *contredisante* de la femme. Si on lui niait quelque chose, il y prétendait immédiatement; par exemple on lui nia la *facilité* à faire des vers, et il devint poète. S'il était si affligé d'être boiteux, c'est qu'on pouvait l'accuser d'être tel et qu'il ne pouvait donner de démenti. Très enthousiaste et très impressionnable de naturel, son scepticisme et son dandysme étaient de la comédie. Aux plaines de Troie, il devint fou de sensations vives. Du reste de beaucoup de sang-froid dans le péril, — mais seulement dans le péril.

21.

. . . .

22, dans la soirée.

N'ai rien noté hier. — Je rentrai trop fatigué pour écrire. — Avais dîné au quai de la Tournelle avec madame A... Un excellent dîner et du vin fort remarquable. En somme, un très convenable repas, égayé par les bouffonneries incroyables de Gaudin, qui a été parfait. — Beaucoup promené après dîner, par conséquent éreinté !

Levé de bonne heure aujourd'hui. Fait un article qui ne paraîtra que demain probablement. — Lu les journaux et quitté la *bottega* pour revenir chez moi. — C'est aujourd'hui dimanche et le temps est à la pluie. — Lu et écrit, mais dans une singulière disposition d'esprit et de corps, — avec des effluves de souvenirs et toujours cette P... qui flotte dans les sables arides de la mémoire comme la plume noire de Ravenswood sur les grèves. Tout donc ne peut s'engloutir en nous ? — Ah ! je ne me suis jamais senti plus misérable que tout à l'heure, écrivant ceci à la nuit tombante, ma fenêtre ouverte, sous l'impression d'un vent *cru* comme si nous étions en automne!

Ils ont donc bien menti, ceux-là qui disent que l'ennui et l'affaissement du cœur sont le partage des oisifs, car je suis occupé et actif maintenant! Non! il y a en moi quelque chose d'inguérissable et que la vie de premier ministre ne m'empêcherait pas d'éprouver. Quand Pitt buvait, il se donnait peut-être une passion pour en oublier une autre ou se cacher à lui-même la misère de son âme. — Les hommes forts cherchent à se donner le change, mais, hélas! la nature ne le prend pas toujours!

Jeté sur mon lit et essayé de dormir. J'attendais Guérin, qui n'est pas venu. — Relevé à cinq heures. Monté en voiture et fait jeter au bain. Y suis resté deux heures et ai lu presque tout le premier volume des *Mémoires de Raguse*, substantiels et simples comme un homme de guerre doit écrire. — Dîné là. — Revenu à pied par un temps pur et pénétrant de froid malgré un radieux soleil couchant. — Payé une note. — Enveloppé dans une robe de chambre et résolu à ne plus sortir. Écrit un billet à Guérin. Et ceci. — Qu'un peu de musique me ferait de bien! Mais je ne voudrais pas l'entendre dans un concert où il y a des femmes, où l'on *pose,* par conséquent (du moins, moi, comédien si souvent involontaire !), et où l'on reçoit mille impressions différentes : la lumière des bougies, les parfums, etc., etc., mais ici, dans la solitude de ma chambre, parce qu'alors mon impression serait pure et non mélangée ! Oui ! je le voudrais.

Au soir, plus tard.

Cacheté ma lettre à G... Travaillé à *Madame de Gesvres* [1], cette chose si triste sous des paroles si légères ! Cette raillerie qui n'en sera même plus une à force de profondeur et de simplicité. — J'espère mener à bien cette nouvelle, mais où et comment la publier ? Je le voudrais, ne fût-ce que pour jouir de la surprise de la Marchesa, mon modèle. — Les nerfs anéantis par ce bain et une soif inextinguible ; — la soif morale produit chez moi la soif du corps, tant il est vrai que l'on ne sait guères comment l'âme se distingue du corps dans cette fusion d'argile et d'éther qui est l'homme ! — Vais finir le premier volume de *Raguse* dans mon lit, et je ne veux plus écrire aujourd'hui.

1. *L'Amour impossible.*

23 juillet.

Aujourd'hui levé à huit heures. — Fait de mes *propres mains* une caisse de linge que j'ai envoyée à Caen. — Maria est venue. — Habillé. — Sorti. — Allé au Journal. — Lu les journaux et rien de neuf. — Fait un entrefilet contre l'*Europe*, acéré et coupant. — Le temps est froid toujours et ma santé va par conséquent moins bien. — Allé chez la Marchesa. Prié à dîner. — Vu Gaudin, qui part pour la Normandie et qui m'a chargé d'aller consoler son Ariane. — Revenu chez moi. — Pris des notes. — Fait ma toilette. Descendu acheter une cravate chez Geslin. — Revenu par le passage Delorme, où j'ai jeté un coup d'œil sur le comptoir abandonné de cette pauvre Graciosa. Est remplacée par une femme pâle et vigoureuse tout à la fois ; assez bien ! autant qu'un rapide coup d'œil peut l'assurer. Du reste, nous verrons. — Le temps était aussi mélancoliquement automnal que possible ; c'était un soleil d'octobre, une lumière d'octobre ; charmes doux qui m'affolent toujours de je ne sais quelle aimable tristesse. — Allé chez la Marchesa. Le dîner d'une familiarité charmante. Elle presque dormeuse d'indolence comme si elle eût, de sa causeuse bleuâtre où elle était étendue, subi l'influence de quelque mancenillier invisible. — Sorti faire une visite après dîner à A. B... — La soirée glaciale. — Rentré chez la Marchesa, que j'ai fait sortir de son repos en lui disant du mal de ce qu'elle aime : *clangor tubæ !* — Causé de madame Dorval, dont j'ai vergeté le jupon. — Ai dit des choses fortes et élevées qu'elle a parfaitement saisies avec son bon sens si souple et si droit. Tête remarquable pour une femme qui a toutes les distinctions de son sexe, et qui, par conséquent, pourrait se passer de celle-là. — Revenu, et, quoiqu'il ne fût que onze heures et demie, me suis couché cependant, l'esprit retombé depuis que j'étais seul, c'est-à-dire depuis que j'avais quitté la Marchesa. Disposition éternelle en moi ! besoin de la figure humaine pour m'animer ! Ma foi ! tout est vanité, dit l'Ecclésiaste, et plus je vais, plus je trouve que ce damné livre a raison ! Mais bon soir !

24 juillet.

Levé à 8 heures ; ce que j'appelle *paresser* maintenant. — La santé mauvaise, mais l'âme traînant vigoureusement la carcasse ;

4.

ce que j'éprouve tient à ce sacré temps d'a-
verses et de froid, je suppose. — Allé au
Journal. Appris que mon *entrefilet* d'hier —
goutte d'acide prussique dans une pure et
simple cornaline — avait été répété avec
rimbonbanze d'éloges dans le *Courrier* et
encore ailleurs. Voilà pour l'article que l'*Europe* n'a pas inséré l'été dernier! et la jus-
tification de cette devise que j'aime, celle
des Ravenswood dans Scott, je crois : *J'attends le moment.* — C'est bien. Il en sera
toujours ainsi. Bien ou mal, je ne peux oublier, et je comprends César, mon patron,
avec sa plaisanterie aux pirates qui l'empê-
chaient de dormir : *Je vous ferai mettre en
croix*, leur dit-il froidement, et quelques années plus tard il les y mit, aussi froidement
qu'il le leur avait promis. Heureux César,
qui avait des croix pour toutes ses rancu-
nes! — Taillé à angles coupants deux *entrefilets* pour le journal d'aujourd'hui, mon article sur le *droit des gens* étant différé à
cause des questions pressantes du journal.
— Lu les journaux, — platitudes et ennui!
— Lu la *Revue de Paris*, un article sur la
doctrinaille, ces pédants empesés qui ont la
raideur des principes, sans les principes
eux-mêmes. L'article vrai, au fond, mais
écrit par un valet ministériel, et d'une do-

mesticité de style qui fait mal au cœur. —
Pris des notes sur les *Mémoires de Raguse*
à propos de la Russie méridionale. — Revenu chez moi. — Le temps détestable et
moi les nerfs sens dessus dessous. — Écrit
au vicomte de B... pour son procès. — Allé
au bain. Y suis resté une heure et demie. Y
ai lu cent et quelques pages des *Mémoires
de mademoiselle Aikin,* deuxième volume.
Étonné de tout ce qu'il y a de vrai histori-
quement dans le *Kenilworth* de Walter
Scott. Élisabeth aussi coquette que prude.
Faisant détruire par arrêt du Conseil et sous
peine d'amende les portraits d'elle que l'on
vendait et qui calomniaient, hélas! le peu de
beauté qu'elle avait. — Sorti du bain rajeuni,
vivant, souple, nerveux, comme un serpent
qui a jeté sa vieille peau. — Rentré. — Dîné
d'appétit fringant et soutenu. — Reçu un
billet de G..., dont le dernier mot sur sa nature enthousiaste et anti-enthousiaste n'est
pas dit. — Contraste des natures poétiques :
l'ardeur d'imagination n'exclut pas la finesse,
et la finesse voit le défaut du beau, la paille
du diamant. — Rien d'étonnant à cela. Mais
quand d'ailleurs on n'a pas ou peu de sens,
voilà l'amour réduit à de chétives proportions, si ce n'est impossible.

25.

Levé et habillé à huit heures. — Le Vicomte de B... est venu me prendre pour cette conférence chez B... Allés ensemble. — Puis au Journal. Lu les journaux. Fait de verve un *entrefilet*, mentant de plus belle et sciemment, mais c'est la vie, et on n'arrive qu'ainsi ! — *Que celui qui l'a fait explique l'univers !* — Revenu chez moi. — G... est venu. Causé et lu à bâtons rompus. — Descendu ensemble au Palais-Royal, où nous avons pris de l'eau de seltz et du sirop de framboise. Bouffonné et relevé un peu nos esprits par ce damné rire qui empêche la vie d'être trop damnable. — Acheté une paire de gants gris comme le ciel d'aujourd'hui. — Retourné au Journal, où l'on m'a communiqué des notes manuscrites sur la Russie. Bonne étoffe d'article ! — Allé dîner avec L. B... au quai de la Tournelle, puis faire la conversation avec MM. les ours du Jardin des Plantes. — Le ciel gris et rose, du plus charmant effet, et la soirée d'une fraîcheur suave. — Revenu en écoutant causer mon amphitryon, mais atteint (moi !) d'une mortelle somnolence. — Travaillé à *Madame de Gesvres*. — Puis griffonné ceci et vais me coucher.

26.

Éveillé à sept heures. — M. de B... est venu. Parlé de son procès, et dit des *gaîtés* à propos de madame de L. F... — Parti à neuf heures. — Me suis habillé. — Allé au Journal. Lu les journaux. Bâclé un entrefilet et revenu m'habiller. — Maria là comme du temps de la rue de Lille. — Le temps froid et même laid. — Retourné au Journal. — Pris L. B... Dîné ensemble au Passage Delorme. Puis allé à Musard, où, excepté une brune et fauve fille de cinq pieds trois pouces, la chute des reins bien arquée et le regard noir et chargé, roulée en panthère dans un long châle de soie rouge, n'ai rien vu, rien vu du tout qui valût l'immense peine d'être regardé. Mais cette femme a remué le je ne sais quoi de léonin qui a toujours été en moi. — Sotte journée, après tout, et je me couche d'ennui !

27 juillet.

Le temps toujours automnal, mais avec moins de *maturité de lumière* qu'en automne. — Levé et sorti à neuf heures. Au Journal. Fait un entrefilet et lu tous les journaux. —

G... est venu me prendre. Revenu chez moi avec lui. Causé à bâtons rompus et jamais plus senti ce que c'est que notre *liaison* dans ces moments d'ennui et d'abattement que nous éprouvons tous les deux. (Éprouver des moments d'ennui, ce n'est pas trop français, je crois, mais qu'importe! Au diable tous les esclavages, même celui de la langue! passons!) — G... et moi, alors, nous sortons de cet état misérable par la moquerie de nous-même et de tout être vivant et même possible. — Voulais le garder à dîner, le monstre, mais m'a impitoyablement refusé, malgré le prospectus séducteur du dîner que j'avais à lui offrir. — Donc s'en est allé trouver sa Caro. — Bienheureux lorsqu'il est une femme, un regard éloquent, qui vous accueille quand vous rentrez à la *maison*. Cela me manque, à moi. Aussi je deviens égoïste, cruellement égoïste, car cette vieille rado-teuse de Bible a raison quand elle dit : *Il n'est pas bon que l'homme soit seul.*

Habillé. — Combien les femmes cassent-elles de lacets de corset quand elles s'en-nuient? Si du moins on pouvait étrangler l'ennui avec ces lacets rompus! Mais rien! rien! ni dans les hauteurs de l'intelligence attentive, ni dans les soins les plus frivoles et les plus extérieurs de la vie, il n'y a rien qui anéantisse, même pour une heure, cet horrible ennui dans lequel on stagne après vingt-cinq ans passés ! J'ai souffert à d'autres époques, mais je ne connais quoi que ce soit de pareil à cette morne angoisse.

Allé chez la marquise. — Prié à dîner et accepté. — Il n'y avait personne. La Marchesa simplement aimable, physionomie pleine d'ardeur fiévreuse, teint hâve, yeux bistrés jusqu'aux tempes, orageuse à ce qu'il semblait, et tout cela recouvrant la neige la plus froide et la plus pure. Abîme de glace dans un cratère. — Ce n'est pas là son air habituel, mais, je le lui ai dit, je ne connais pas de physionomie plus changeante. — Lasse, ennuyée aussi, ennuyée aussi profondément que nous autres hommes si ce n'est encore davantage. — Causé au tomber du jour sur la même causeuse, avec cette grande sympathie des âmes qui se ressemblent par je ne sais quel ardent dédain. Si c'était toujours ainsi, notre amitié serait trop mâle pour jamais ressembler à de l'amour. — Sorti vers dix heures. — Allé chez madame Albert. Porte close. — Puis chez A. B... qui est parti pour la Belgique. — Puis chez A... — Puis enfin au Boulevard, à la rampe de Tortoni, d'où le froid glacial m'a chassé. — Revenu me jeter au lit.

28.

Levé à huit heures. — Au Journal ! Lu les journaux et corrigé mon article sur le *droit des gens* qui a paru aujourd'hui. — Quand je ne mens pas tout à fait, je ne dis vrai qu'à moitié. Morale chose ! Descendu en voiture chez L. B... et revenu de même au Journal. Corrigé une épreuve. — Le temps se purifie et se tiédit. — Abattu autant que cet hiver, mais l'esprit aussi bas que le corps.

Rentré *at home*. — Écrivaillé. — Fait coiffer. Habillé. — Allé chez madame A... Introuvable ! Puis chez Ap... Ai pris un œillet blanc que j'ai fait *thyrser* de rubans verts et blancs, et j'ai remonté le Boulevard tenant mon séditieux œillet à la main. — C'était aujourd'hui la fête funéraire des héros de Juillet, et je voulais trancher sur tous les jacobins encrêpés. Mon œillet a été remarqué, mais a passé, ainsi que moi, sans encombre. Revenu chez moi. Mangé une côtelette pour tout dîner. — Lu les *Provinciales* jusqu'au déclin du jour. Il y a de la comédie dans ce livre, — de la comédie dans la pensée, mais non dans l'expression. Je suis toujours pour ce que j'ai dit de Pascal : piètre écrivain malgré sa réputation, qui est superbe.

A la nuit, allé chez madame de... — Il y avait quelques personnes. — M'a reçu mal à dessein parce que de longtemps je n'étais venu. Resté après tout le monde. Conversation pleine d'évidences muettes, de faussetés parlées et bientôt démenties. — Mains prises, sourires et troubles, yeux voilés sous le regard, mouchoir brodé plissé en tout sens sur le genou qui tremble par une main qui ne sait ce qu'elle fait, pendant qu'on écoute ce qu'on ne sait pas que l'on dit, *intoxication* et *mêlerie* dont le diable lui-même ne se tirerait pas. Lui ai baisé la main deux fois. — Away! away! quoique je n'aie pas besoin de cela pour avoir la plus insolemment inébranlable certitude.

Revenu sous un ciel noir et étoilé. — Le souffle frais, mais non froid. — Quand le temps *resera*-t-il chaud comme il devrait l'être? — Griffonné ceci et vais m'étaler dans mon lit et lire les *Mémoires* de Bassompierre, ce grand seigneur de la fatuité, plus grand que le grand Idéal de Richardson.

29. six heures.

Levé à huit heures. — Habillé. — Ai reçu une lettre de Gaud., qui m'apprend la mort de

5

mademoiselle Clémence de Syrène, baronne de Vicq par mariage, morte tout à coup et bien jeune encore. — L'avais silencieusement adorée à Caen (1830) et ne l'avais pas revue depuis ce temps. — Il paraît qu'elle était devenue bas-bleu, mort bien pire que la seconde pour une jolie femme comme elle. Jolie non de traits, mais d'*air*, — grande, svelte, distinguée, et forte nonobstant ; d'une pâleur de soufre avec des cheveux noirs et de grands yeux sans rayons. Bien patricienne au milieu de tout cela ! — J'ai trop vécu depuis le temps où je l'ai connue pour être attristé de cette mort, et pourtant j'y ai pensé tout aujourd'hui.

Allé chez madame A... Parlé de P..., cette inexpugnable pensée. — Le temps très beau, mais d'un vent très sec. — Allé au Journal. Commencé pour demain un article sur cette éternelle question d'Orient que Raguse discute si admirablement au second volume de ses *Mémoires* et de laquelle il tire de si foudroyantes conclusions. — A deux heures, descendu aux Tuileries avec L. B... Vu personne, car c'est aujourd'hui dimanche, et de fatigue et d'impatience ai fui chez moi le vent et la poussière. — Fait coiffer. — Lu jusqu'à six heures et un quart. — Abattu, ennuyé, presque anéanti !

Le temps vient de se fourrer à la pluie. Il verse. Quel été d'enfer ! — Envoyé chercher à dîner. — Vais-je sortir ?.....

Je voudrais pourtant bien aller voir la fiancée de G... Mais c'est si loin ! — N'importe ! elle me chanterait ma romance, et je me trouverais peut-être assez d'*estro* pour faire étinceler son œil bleu-de-lotus en lui débitant mes extravagances ; peut être cela me soulèverait-il cette froide montagne de plomb qui me pèse au cœur. — Et puis G... est toujours heureux de me voir, et quand nous sommes ensemble nous sentons *moins* ou *plus* la Vie, je ne sais, mais toujours est-il que le lien d'acier se désagrafe sous les dilatations de la poitrine. — C'est l'ennui qui nous lâche, mais pour nous reprendre et toujours plus fort. Si cette disposition maudite continue, que deviendrons-nous, même avant d'être vieux ? Et par-dessus, s'il nous faut vieillir ? Hein ? voilà une amusante perspective.

Au soir, tout tard.

Ne suis pas sorti, malgré ma velléité de visite à G... et mes cheveux bouclés. J'ai fait comme madame de Luxembourg prête pour le bal et qui resta à lire la *Nouvelle Héloïse*, mais, moi, je n'ai pas sacrifié ma toilette à ce grimaud de Rousseau et à ces ineptes héros de roman, mais à Bassompierre, le beau et fier seigneur, que j'ai lu jusqu'à extinction du jour. — L. B... est venu, mais l'ai reçu avec un ennui qui aurait été du génie si j'avais voulu le chasser. Car il n'a pu résister à mes indolences, à mes bâillements et à mes prostrations sur le canapé, et il a foutu le camp comme si le diable le fouaillait :

> Allez, allez, ô jeunes filles,
> Cueillir des bleuets dans les blés !

Les bougies allumées, fourré à *Madame de Gesvres*. — Ne peux y travailler longtemps à la fois. — Repris cet article commencé et que j'achèverai demain matin, car il est d'une longueur fort impertinente. — Ai travaillé sans désemparer jusqu'à cette heure, qui m'est inconnue, ma pendule s'étant arrêtée tout à coup. — Quand la vie en fera-t-elle autant? Je me couche. Bon soir !

30.

. . . .

31.

Hier en blanc ! — G... vint me demander
à dîner et, excepté le travail du matin au
Journal, nous passâmes la journée ensemble.
— Aujourd'hui éveillé à huit heures. — Lu
dans mon lit jusqu'à neuf. — Debout ! Habillé, sorti. — Allé au Journal. Y suis resté
à travailler et à lire toute la journée. Que
de choses à apprendre pour se fourrer au
courant de l'Europe ! — Revenu à cinq heures. — Fait ma toilette et dîné en courant.
— Écrit un billet à madame de L. R... au
cas où je ne la trouverais pas. Allé chez elle
en voiture. Reçu. Il y avait du monde et n'ai
pu la voir seule. Contrarié au fond, car elle
part demain ! — Revenu à la rampe de Tortoni appuyer mes nonchalances et ma superbe.
— Le F... est venu me dire bonjour et déjà
me flagorner parce qu'il croit que je connais
des gens bien avec M. Thiers. — Pauvre
insecte ! — Lui ai sanglé au visage deux ou
trois ironies qu'il a prises pour argent comp-
tant. — Le temps relevé et beau. — Je rentre : il est minuit.

1er août 1838.

Levé à sept heures, et par le plus beau soleil, un soleil d'Italie. — Ce charmant soleil du matin se gâte à vieillir. A midi, il est presque laid. — Fait un entrefilet que je recommençais, et par conséquent que j'ai manqué. — Habillé. — Reçu tout en m'habillant une visite de B... Il fait le discret sur le bonheur de son mariage. On voit qu'il a peur de la raillerie. — Drôle ! — Allé au Journal. Pris des notes sur l'état présent de l'Europe et sur les diverses questions qui s'y rattachent. — N'ai pas perdu mon temps, en somme. — Revenu à quatre heures et demie. Fait je ne sais plus quoi. — Écrit la perle des billets à la Marchesa. — Dîné de légumes. — Dormi une heure et réveillé avec l'angoisse de *ce souvenir blond* qui se joue trop sur mon chevet. — Mais, ô mon Dieu ! on n'oublie donc jamais ! — Pensé à Bonaparte, à la gloire, au néant de ma vie. — Triplement souffert. — Fait ma toilette avec l'intention d'aller voir la fiancée de G... — Sorti. — Jeté mon billet chez la Marchesa. — Je prenais une voiture pour filer au faubourg Saint-Germain quand j'ai été arrêté par L. B... d'abord, et par Bourdonnel ensuite. — Suis resté à causer tout le soir avec ce dernier. — Avalé une limonade *insieme*. — Resté très tard à Tortoni, regrettant de n'être pas plutôt auprès de la jolie Indienne. — Mécontent de ma soirée comme il arrive toujours quand sa destination n'est pas celle qu'on projetait. — Je rentre éreinté.

2 août.

Éveillé à six heures. — Il n'y a plus que les matinées de charmantes, les crêpes gris tombent plus tard sur ce visage blond du jour et l'on n'en jouit plus. — C'est incroyable, le bonheur que peut donner un rayon de soleil gai et frais, même à une âme centenaire de civilisation et usée par la vie de Paris. — Allé au bain en pantoufles. Y suis resté toujours lisant et dans l'eau jusqu'à huit heures et demie. — Revenu. — Trouvé des lettres de province. Une de... languissamment désespérée. — J'ignore l'abîme sans fond de profonde affection que j'ai pour cette femme, — je ne le sais qu'à de certains mots d'elle qui tout à coup me traversent comme une foudre et s'enfoncent dans mes entrailles. — C'en est effrayant. — Les gens qui font des phrases sur le cœur disent de bien grosses balourdises. On prétend que des sentiments si forts, si puissants, sont tout. Mais ce n'est pas vrai. La vie va de même et à côté, la vie avec ses besoins même d'affection qu'un seul si grand ne satisfait pas. — Être aimé d'ailleurs et aimer, *quand il n'y a plus d'obstacles*, n'empêche pas de s'ennuyer, et de l'ennui vient tout le reste, même l'amour. Les anciens appelaient l'Océan père des choses; les modernes peuvent donner ce nom à l'ennui.

Mangé trois œufs. — Descendu au Palais-Royal consulter la collection du *Moniteur*. — Allé au Journal et dit en passant un bonjour à Ap... — Lu les journaux. Travaillé à un entrefilet assez long et revenu de bonne heure *at home*. — Lu de l'espagnol. — Il faut pourtant que je me remette à cet allemand trop longtemps interrompu. *Il parlar tudesco!* — L. M... est venu me faire sa visite d'adieu. *È finita la musica.* — Si ce n'est pas un égoïste, voilà des arêtes de physionomie qui mentent. — Ap... pleurera, se désolera, en parlera, y rêvera, se consolera, l'oubliera, le remplacera,

Trala, la, la, la, la,
È finita la musica,
La divina comedia
Del Amore !

*Requiescant in pace et ament in secula secu-
lorum,* mais cela n'est pas sûr. *Ma, ch'importa!* —

Envoyé chercher à dîner. Le temps est
triste et la chienne de chose qu'on appelle
l'âme encore davantage ! — Que faire ? Si
je restais ici ce soir je me déchirerais ce lam-
beau inusable du cœur déjà tant de fois mis
en pièces. — Tiens ! une lettre de la *Marchesa !...* Voyons !

Comme nous !... A tous, le même refrain !
l'ennui et l'abattement, cette peste morale
avec laquelle on vit. — M'appelle son ami,
elle, l'*inexpansive.* Ah ! il faut qu'elle soit
bien abattue pour avoir ce ton d'affection
simple et avide. Je l'aime ainsi, mais elle le
paye bien cher. — N'est pas encore soumise
à la destinée, — côté de l'enfant dans un esprit viril, — âme qui a de la peine à mûrir.
Mais l'aloès ne fleurit qu'après cent ans, et la
fleur en est adorable !

Pourquoi, moi qui vis dans le passé plus
qu'être vivant, pourquoi rencontré-je des
moments (tout à l'heure par exemple) où
j'ai une hâte dévorante d'être plus vieux de
quelques mois. Je voudrais être à l'hiver, et
cela non par raison d'ambition ou de position
personnelle, mais pour y être, et je ne sais
pourquoi. Cela est quelquefois d'une telle

violence en moi que j'en suis intérieurement comme hors de sens. — Le temps vient de se relever d'une averse. — Vais m'habiller et sortir. — Pour que je n'allasse pas chez Guérin ce soir, il faudrait que la terre manquât sous mes pieds !

En rentrant.

Allé chez Guérin. En voiture. — Pris des gants. — Remarqué le ciel, nappe bleu sombre au couchant avec une zone de rouge garance, horizontale. — La fiancée de Guérin dans ses meilleurs jours de *joliesse*. — Resté à causer jusqu'à dix heures et demie. — Revenu à pied par beau temps, mais un vent du sud très violent. — Allé au Boulevard — désert ! Seulement ai rencontré Berruy... et suis resté à politicailler jusqu'à cette heure. Il est une heure et demie du matin. — La tête douloureuse.

3 août.

Levé à huit heures. — Reçu un billet de G..., admirable de connaissance de soi-même, de simplicité d'ennui. On ne peint pas le dégoût d'une plus charmante manière, spirituelle dans l'imagination. — Commencé une longue lettre à... Habillé. — Allé au Journal. — Fini ma lettre. Corrigé des épreuves. Lu les journaux. — Étudié, la carte sous les yeux, cette question d'Orient, grosse de tant d'éventualités. — Étudié assez attentivement jusqu'à quatre heures, malgré une tête lourde et douloureuse. — Descendu jusque chez madame A..., et d'indolence resté à dîner avec elle. — Parlé de P..., cendres que toujours je remue. Le cœur étreint par ces souvenirs évoqués à l'heure où le jour baissait, à la voix d'une femme qui l'a connue. — Sorti à huit heures. — Allé chez Ap... — L. y était. — Épigrammatisé. — Ils sont allés prendre des glaces au nouveau café de Musard. Les y ai suivis. Ai daubé d'une voix métallique et le café et les badauds qui s'y empilaient, mâles et femelles, — timbre d'impertinence cuivrée. — Rentré par une pluie fine. — Je suis las et vais me jeter au lit, non pour dormir encore, mais pour lire et me détendre. *Buena noche !*

4 août.

Levé à sept heures. — Lu jusqu'à dix et demie. — Habillé et allé au Journal. — Corrigé des épreuves. — Lu de l'espagnol et travaillé avec assez de suite. — La politique intérieure a tout le terne de l'esprit des gens du pouvoir, ce qui n'est pas peu dire. — Revenu tard chez moi. Un temps lourd, orageux, les nerfs anéantis. — Dois sortir avec G... ce soir pour aller chez la femme de B..., mais ne me sens ni le courage ni l'humeur de m'habiller et de ramager les insignifiances d'une conversation quelconque, à plus forte raison chez des gens qui n'ont pas plus de conversation que des chevaux anglais.

Irai-je donc ou non? — G... va décider lui-même. Je l'attends, mais aimerais mieux causer d'intimité avec lui, sur ce canapé où nous avons déjà remué tant d'idées. — La vie que je mène à présent me rend assez douce la solitude de ma chambre. Je rentre ordinairement un peu las et me sens pris d'une inénarrable indolence. — G... comprendra cette disposition.

Au soir.

G... est venu. — Renvoyé notre visite aux calendes. — Sorti tard ensemble et au Boulevard, — populeux, — les courtisanes en majorité. Pris des glaces dans ces vastes salons du Café de Paris hantés par le *Génie de la solitude* et par nous. — Repromené assez longtemps. La lune orageuse, le ciel accidenté et menaçant. — Je rentre et me couche sans lire.

. . . .

. . . .

Mardi 7.

Deux jours en blanc. — Ils n'ont été quelque chose que par la souffrance du corps, combattue par mon système actuel de bains longs et chauds. — Du reste ai travaillé, mais non pour moi, si ce n'est quelques lignes ajoutées à *Madame de Gesvres*. — Le journalisme dévore mes journées, mais peu importe! Il faut arriver à tout prix, fût-ce au prix de soi-même et de tout ce qu'on avait primitivement de plus indomptable en soi.

Oh! oh! l'indomptable, où est-il maintenant?

Et ubi faciunt solitudinem, pacem appellant.

— Je crois que c'est ce temps de mars dans août, rafales, pluie et froid, qui me rend aussi chétivement malade que je l'ai été ces jours-ci.

Aujourd'hui levé à huit heures. Pas de lettres! — Habillé. — Au Journal. — Toute la presse ruminant des idées connues et tournant diablement à la radoterie. — Allé chez Ap... au lieu de chez moi, parce qu'il pleuvait, faire un article sur la question Belge. Il faut savoir travailler partout au pied levé, et aussi bien sur l'angle de la cheminée d'une femme que dans un fauteuil devant un commode bureau. — La pensée doit mépriser ses aises encore plus que le corps, et quand du talent on ne peut pas faire une action, je ne l'estime que peu de chose : juste ce qu'il vaut.

Déposé mon article au Journal et revenu ici m'habiller. — Je dîne chez la Marchesa aujourd'hui. Il y a longtemps que je ne l'ai vue et j'aurai le plaisir *du retour, après l'absence*, à la retrouver. — Les nerfs mieux qu'hier, mais pas très solides encore. — Vais lire en attendant le coiffeur.

En rentrant.

Dîné chez la Marchesa. — En blanc, avec des nœuds de velours pourpre mêlés aux boucles de ses cheveux bruns et la pâlissant encore davantage. Plus animée que les dernières fois. — Moi assez en train de causer, avec du trait et presque de la *vis comica* dans l'expression. — L'ai soulevée de son ennui et avons été parfaitement aimables l'un pour l'autre sans restriction et sans manège. — Resté sur la causeuse bleuâtre jusqu'à onze heures et demie. — Descendu le Boulevard par un clair de lune âpre et un vent glacé. — Remonté chez moi et couché.

Mercredi 8.

Éveillé à sept heures et demie. — Déballé une caisse de linge venant de province. — Reçu une lettre de *mia povera vita.* — Allé au Journal. Y ai travaillé jusqu'à trois heures. — Revenu. Le temps à la pluie et aux giboulées. — Contrarié parce que j'ai appris que G... était venu et s'en était retourné lassé de m'attendre. — Écrit toute une *volée* de lettres. — Habillé de pied en cap. — Retourné au Journal. — Puis chez Ap... qui m'avait prié à dîner. Cette U... est venue ; il y avait des temps infinis que je ne l'avais rencontrée. — La revoici dans mes eaux et prise, *but I am an indifferent child of the Earth...* Fait une visite à madame A..., et, comme le temps s'est purifié ce soir, ai vagué beaucoup jusqu'à complète lassitude. — Lu, mais sans attention, puis cette mort de la vie en détail : — couché et endormi.

Jeudi 9.

Levé à huit heures. — Fait diverses choses, comme une femme de ménage elle-même. A neuf heures, reçu... qui ? Eh ! par Dieu ! Aimée Le Foulon, à laquelle je ne pensais guères. Excellente et aimable femme ! Ai eu le plus vif et le plus profond plaisir à la revoir. *Vif* et *profond*, voilà qui est rare, mais c'est vrai pour elle. — Allé au Journal. — Travaillé au bureau ou chez moi pour ledit Journal jusqu'à quatre heures. — Reçu Guérin au milieu de tout cela, mais pas causé.

Rentré. Commandé à dîner, car L. B... est mon convive ce soir. — Écrit un billet à A... — Vu Aristide, qui revient de Belgique.

Dit que la nationalité de ce pays-là n'est pas aussi *une* qu'on la croit. Enchanté sous certains rapports, non sous d'autres. — M'a quitté trop tôt pour que je pusse lui demander des renseignements sur une foule de choses. Il aura bien vu, quoique *à la course,* et il sera pour moi très intéressant de l'interroger. Son intelligence est vive, juste et claire : c'est un harmonieux esprit et, et... mais en voilà assez sur son éloge.

Plus tard.

Pris des notes sur cet éternel Orient. — L. B... est venu. Dîné assez gaîment, mais toujours en causant de *notre* affaire. Il a trouvé bon mon *entrefilet* sur le vieux Bernadotte, et de fait il n'est pas mauvais. — Payé un chapeau. — Resté sans sortir et sans même en éprouver le besoin. — Écrit un sanglant billet, hérissé d'ironie, à ce paresseux R..., qui n'imprime pas mon article sur Ranke. Damnation sur cette limace ! — Fourré à un article sur le nouvel écrit de M. Guizot. Griffonné le commencement et arrêté mes idées. — Bu un verre d'eau et de vin de Beaune. — Ouvert ma fenêtre. Le temps beau et pur. Un firmament gris-deperle, éclairé en dessous par la lune, — une vraie conque de nacre, sur nos têtes ! — Il est quelques minutes avant minuit. — Vais lire un chapitre de Montaigne en guise de prière et me jeter au lit, car il faut que je sois au bain demain dès six heures. Bon soir, donc ! — Bon soir !

10 août.

Une journée pleine de faits jusqu'à répandre. — A six heures au bain jusqu'à huit, toujours lisant les *Mémoires de mademoiselle Aikins,* que, par parenthèse, je ne lis que là. — Revenu. — Habillé. — Sorti. — Allé chez Gaud... qu'à ma grandissime joie j'ai trouvé revenu. — Allé au Journal. — Y suis resté à travailler jusqu'à quatre heures. — Allé à la Bibliothèque Royale prendre des renseignements, et les ai fait damner pour deux ouvrages sur le droit public suisse qu'ils n'ont pu me donner. — Allé chez madame Alb... un quart d'heure et où j'espérais trouver G... — Revenu chez moi faire ma toilette. — Reçu un billet officiel de la Marchesa, qui me demandait les papiers relatifs à M. de B... Suis allé les lui porter moi-même, mais j'ai trouvé le nid vide et ma grande Aigle partie! — Fait attacher à ma boutonnière chez Ap... la plus jolie rose-thé possible, jolie comme si elle avait été fausse, car le faux bat toujours le vrai dans ce monde d'apparences. — Pris ces MM. L. B... et C... au Journal. Dîné ensemble chez Barillot. — Puis allé à la Porte-Saint-Martin voir une *féerie* qui n'*enchantera* personne et sur laquelle je ferai tomber une goutte d'acide prussique dans le feuilleton de dimanche. Quelle *ânerie* que cette *Peau d'âne !* — Revenu à Tortoni par un temps idéal de lune et d'azur, mais n'y suis pas resté de fatigue. — Rentré, griffonné ceci, et n'ai pas le courage de tracer un mot de plus. A demain !

Samedi, 11 août.

Levé à sept heures. — Au bain jusqu'à huit et revenu. — Peigné, débouclé, rebouclé, et au Journal! — Lu la provende ordinaire. — Griffonnaillé un entrefilet. — Resté là (*sicuti mos est*) jusqu'à quatre heures. — Habillé. — Pris la rose blanche de la journée chez A... J'immole une rose chaque soir à ma boutonnière; les roses, c'est l'ordre de la Jarretière de cette grande souveraine que l'on appelle la Nature. — Dîné chez G... Le docteur G... présent. — Parlé magnétisme. — Pris un cabriolet et allé retenir un logement pour ma tante. — De là promené avec G... aux Champs Élysées verts et pourpres : verts d'ombrages, pourpres d'horizon, sans poussière, arrosés d'une eau pleine de fraîcheur, et noyés plus haut d'une atmosphère tiède ; vraiment beaux ! — M'a jeté chez la Marchesa, mais elle était au Ranelagh avec toute la bande. — Vagué seul, enivré du temps. — Rentré à onze heures et travaillé jusqu'à une heure du matin.

12 août.

Aujourd'hui dimanche. — Un temps étincelant de clartés vives. — Levé à sept heures. — Fait mon feuilleton sur *Peau d'âne* jusqu'à onze. A onze heures, précipité au Journal, fait un entrefilet, lu tous les journaux et corrigé des épreuves. — Revenu à cinq heures et j'ai trouvé Gaudin, mon convive, qui m'attendait. — Habillé en causant avec assez d'action. — G... est venu. Descendu tous les trois dîner chez Cop... où nous avons mangé force melon. Gaud... a bu avec verve, l'autre G... pas tant, moi, point du tout, cela finissait en pointe comme une pyramide ; m'ennuyant de ne pouvoir avaler ce clair et fringant vin de Sauterne avec lequel cette abeille au corsage coupé, la vicomtesse de Saint-M..., aimait à envoyer promener son rouge de toilette à la Louis XV vaincu par le vermillon d'après dîner, — que le Génie de la Beauté délaie dans les cristaux où le vin pétille ! — allé à Corazza. Bu du Madère. — A... est venu causer avec nous. — Remonté jusque chez Ap..., où j'ai pris mon crachat d'albâtre aux feuilles d'émeraudes et que la Flore du magasin m'a attaché sur la poitrine. — Rôdé au Boulevard. — Gaud... sur les limites de la griserie et déjà même un peu entré dans ce diable de pays des fées. — Revenus lire mon feuilleton chez A..., G... et moi. — Ai raillé, non personnellement, mais indirectement, une assez belle fille qui trouve que je la regarde trop, singulier grief ! — Rencontré la Marchesa, au milieu de son bataillon carré, qui m'a dit : Toujours, toujours. J'ai répondu par : Jamais. Voilà comme nous nous entendons ! — Quitté G... Appuyé sur la rampe de Tortoni, mais rentré, accablé de chaleur et presque d'ennui. Couché.

Lundi 13.

Au bain à sept heures. — Resté une heure à lire cette archi-ennuyeuse protestante miss Aikins. — Revenu. — Avalé des œufs frais. — Écrit un billet à mademoiselle Caroline de Guérin. — Au Journal! — Fait un entre-filet. — Commencé un long article pour demain. — A trois heures écrit une lettre à..., que j'ai moi-même mise à la poste, en cabriolet. — Lu les journaux. — Revenu chez moi dîner et écrire jusqu'au jour tombant. Aurais assez volontiers resté là, mais j'avais promis de sortir et me suis habillé. — Allé à Corazza trouver R... Allé chez Ap... pour mon pur caprice des soirs actuels, une rose cueillie. — Passé le soir avec R..., par conséquent n'en pouvant plus de sommeil.

14 août.

Levé à huit heures. — Essayé un pantalon et commandé une redingote, affaires graves, choses presque religieuses. — Allé au Journal. Fini mon *premier Paris* commencé hier. Lu les journaux français et espagnols. Corrigé je ne sais plus quoi, puis les épreuves. — Le reste du temps, étalé sur le divan à lire ces admirables *Mémoires* de Bassompierre qu'on ne peut pas trop admirer. Le récit de la mort de Henri IV est un des plus beaux et des plus simples et des plus poignants morceaux d'histoire que j'aie lus. Croirait-on que cela ait été écrit par un Allemand (mais sang noble est de tout pays), et par l'adorable viveur qui disait avec un si charmant éperduement de jeunesse : « Le « Roi voulut renouveler pour moi le duché « de Baupréau, mais j'étais dans mes hautes « folies de jeunesse, amoureux en tant d'en- « droits, bien voulu en la plupart, que je « n'avais pas le loisir de songer à ma for- « tune. »

Singulier temps dont rien ne peut donner l'idée ! M. de Bassompierre aimait et allait épouser mademoiselle de Montmorency ; Henri IV tombe amoureux de cette fille et le prie de ne pas l'épouser, et Bassompierre, coûte qu'il coûte, n'épouse pas. — Du point de vue moderne, c'est une courtisanerie et presque une bassesse, ou un sacrifice de l'amour à l'ambition. Rien de tout cela au point de vue des gentilshommes de 1611 : tout devait céder au Roi ; on se faisait tuer pour lui, — c'était peu de chose, — mais on se brisait le cœur pour lui. Là respirait le sublime de l'esprit monarchique qui, n'en était pas moins sublime pour prendre sa source dans les plus hautes convenances sociales, et que les historiens modernes ont travesti en le jugeant démocratiquement.

Rentré. Écrit ceci. Puis un billet à G. G... — Viens de renvoyer le coiffeur, car je vais dîner chez Gaudin et je reviendrai travailler ici. — Je ne sortirai pas ce soir. J'ai à préparer un article sur la Suède que je veux du moins livrer demain. — MEM. Penser à écrire à ma tante ce soir.

J'ai rencontré T... aujourd'hui. Je marchais les yeux baissés et préoccupé, ce qui ne m'arrive guères; et il est passé près de moi. Ne l'ai reconnu que quand il a été entièrement passé. L'aurais vu que je l'eusse salué le premier pour lui montrer que je n'ai aucune rancune contre lui, mais au contraire pour lui des sentiments doux et bienveillants. Ame noblement dupe de toutes choses, même d'elle-même! Je le reverrais avec plaisir, et que de points déjà sur lesquels il me trouverait changé! Mais, hélas! si les opinions se modifient, il reste en moi quelque chose de railleur, d'ennuyé, de pratique, qui devrait le blesser toujours!

Au soir.

Dîné chez G... Allé, sans être habillé et entraîné par lui, chez madame A... Pas trouvée ! — Rentré à huit heures. — Commencé un long article sur la Suède. — Écrit une nouvelle lettre à G... et lu quelque peu de Flassan.

15 août, six heures.

Beau temps, — un temps digne de la gracieuse patronne de la journée ! — A six heures au bain. Je vis toujours comme un ancien pour le moment. — Lu du Flassan et resté au bain jusqu'à huit heures. — Allé au Journal. Fini mon article sur la Suède, que je crois étoffé et bon ; du reste rien fait pour la feuille d'aujourd'hui. — Lu les journaux et la *Revue des Deux-Mondes,* étalé sur le divan, jusqu'à cinq heures. — Revenu. Habillé, et j'attends L. B... avec qui je dîne aujourd'hui.

Reçu une lettre superbe de G..., qui insulte son esprit avec son esprit et au nom de son esprit. Qu'il y prenne garde ! il se mord la queue jusqu'au ventre comme un serpent qui

6

se dévorerait. Quand il parle de son impuissance, il démontre le contraire de ses paroles, qui n'en sont pas moins fort éloquentes du reste et d'une grande richesse de mépris.

J'ai été moins misérable ces jours-ci que je n'ai l'habitude de l'être. Est-ce donc vrai que j'aurais autant de cœur et de tête que G... dit y avoir en moi?... Et d'ailleurs est-ce que l'un n'a pas fait tort à l'autre? Est-ce que je suis, — malgré la jeunesse et l'obscurité, et le temps mis en pièces par les folies du cœur et des sens, et la pensée éparpillée et jetée à fonds perdu sur toutes choses, — est-ce que je suis autre chose qu'un débris, une ruine? — Mais c'est un débris, une ruine aussi que le Colysée! Mon orgueil va-t-il jusque-là? Non! Seulement il y aurait eu quelque vie en moi si... si, ce maudit mot qui exprime le repli où l'on a trébuché et où le pied de la destinée a été victime de l'entorse qui la fera se traîner et boiter toujours. *Ambitio major, vita tristior.* Triste souvent, mais pourtant sustentée de je ne sais quelle inconsommée espérance, folie peut-être, mais à laquelle l'âme incoercible se rejette et se reprend de plus en plus et toujours.

Minuit.

Je rentre par un temps froid et sec. — Lu tantôt, en attendant L. B..., une soixantaine de pages des *Mémoires* de Raguse. — Se soutiennent. — Dîné chez Véfour en tête à tête. — Allé aux Français voir le *Ménestrel*, froide pièce, pleine de ressouvenirs sans invention et presque sans intérêt. — Bien placé. N'ai vu personne (en fait de femmes) d'élégant ni de joli. — Remonté jusqu'à Tortoni après le spectacle, — mais pas resté, car le froid me chasse, comme les hirondelles. — Je vais me coucher et lire en attendant le sommeil.

. . . .

. . . .

23 août.

Une interruption. — Ai trop vécu ces jours-ci pour penser à les noter. — Sans me prévenir d'avance,... est arrivée à Paris. L'ai revue, après deux ans d'absence, quatre heures en loge, au spectacle, sous les yeux d'un public et d'un tiers. — Ai constaté l'empire que la société nous force à acquérir sur nous.

même. — En proie aux impressions les plus profondes, ai salué froidement et respectueusement cette femme si aimée, et n'ai pas, pendant ces dévorantes quatre heures, été *égaré* une seule fois, — cruelle chose d'en être arrivé là sans aimer moins. — On jouait l'*Ambassadrice*. Voilà de la musique française (la critique est dans l'épithète) marquée pour moi à présent d'un caractère sacré. — Autre progrès, si c'en est un : j'ai travaillé à des choses prosaïques et positives comme si l'idée qu'elle habite la même ville que moi ne m'était pas toujours présente pour me distraire et m'emporter ! — Autrefois je me dévorais à attendre le soir dans une oisiveté absolue, mais agitée.

Hier soir lui ai fait mes adieux, car elle repart, comme j'avais fêté sa présence, en lui serrant la main et renfonçant à vingt pieds en moi le désir fou de l'embrasser. — Allé voir ensemble les *Bayadères*. Ravissants costumes, peau bronzée du plus bel effet aux bougies, torses cambrés mais trop flexibles, danses disgracieuses. — Encore un coup de pied dans le ventre aux idées poétiques, et toujours le mot souverain : *N'est-ce que cela ?*

Aujourd'hui un temps de tous les diables, mais qui ne m'a pas empêché d'être au bain à six heures et un quart. — Me suis dilaté de toutes les manières dans l'eau chaude et dans la lecture de M. de Stendhal. — *Mémoires d'un Touriste.* — Belle haine du commun ! du trait, de l'observation, mais un amour de la passion singulier dans un homme si civilisé, et trop de peinture et de gothique. — Allé au Journal. Travaillé et lu journaux et livres. — Mal en train à cause de cet affreux temps pire qu'au mois de novembre. — Le fond des os glacé. — Revenu. — Écrit force lettres. — Envoyé chercher à dîner. — Lu. — L. B... et G... sont venus. — Après eux, tombé dans le spleen, un spleen provoqué par la différence du jour d'aujourd'hui et de celui d'hier. — Réécrit un billet à Guérin. — Repris du Stendhal, homme amusant, mais qui admire trop. Toujours trop *dilettante.* — Couché de fatigue ayant presque passé la nuit précédente.

24 août.

Levé à six heures. — Achevé un article jusqu'à huit. — Reçu Aimée. — Essayé des vêtements. — Allé au Journal. — Travaillé et lu jusqu'à trois heures. — G... est venu. — Causé doucement. — Revenu chez moi. — Habillé. — Allé dix minutes chez la Marchesa, où j'ai trouvé sa fille, la *Clarisse brune*, pâle, jolie, pensive, avec des *anglaises* qui lui vont mille fois mieux que des bandeaux. — Assez de verve, *but* il a fallu partir ! — Rejoint L. B... et dîné ensemble chez *Parvi*. — Allé ensemble aux Français. On jouait la *Métromanie*, pièce beaucoup moins spirituelle qu'on ne dit, ennuyeuse à périr, et tellement que je me suis réfugié au foyer où j'ai *caliborgné* le buste de Molière, qui me rend bien sot s'il n'est pas un morceau sublime, — digne du modèle. — Observé, à propos de la *Métromanie*, qu'il n'y a pas de comédie fondée sur les travers de l'esprit. — Rentré dans la salle voir le *Légataire*, moins amusant à la scène qu'à la lecture. — A quoi cela tient-il ? C'est qu'il n'y a pas de comique non plus dans une *coquinerie*, la maladie et la décrépitude. Toute la verve pétillante de Regnard expire à cacher le dégoût. — Sanson, acteur intelligent, mais froid, commun, M. de Talleyrand lui-même, n'était pas dans un rôle qui lui convînt en jouant Crispin, personnage chaud, entraînant, scintillant, reflet de l'ancienne comédie italienne. — Rentré, en droiture, chez moi après le spectacle. Un temps froid. — Couché, lu et endormi.

25 août.

Levé à huit heures, la poitrine déchirée par le rhume. — Maria est venue, — lui ai payé mon gilet. — Habillé et allé au Journal. — Fait un article. Lu les journaux et commencé les *Mémoires* du général Miller en anglais et en espagnol. — Corrigé une épreuve. — Revenu chez moi de bonne heure. Y ai reçu ma tante. M'a parlé de son stupide et troisième mariage, que, du reste, je m'explique par trois raisons dont une seule suffit : — la puissance d'une intimité de quinze ans, l'isolement, l'ennui. — Quand on n'a pas l'âme forte, vieillir est une perspective qui pousse à tout. — M'a fait des aveux singuliers : pas d'amour, honte d'un mari physiquement ridicule, crainte et dégoût des rapports *possibles* du mariage, soupçon de la *sordidité* du caractère dans celui qu'elle épouse, contrariété immense de quitter une habitation qu'elle aime, certitude d'être bafouée dans l'opinion publique de sa province, — et malgré tout cela elle dit oui. C'est de la fatalité et de l'imbécillité à vivre. — Je me suis montré, dans cet entretien, hypocrite et suavement cruel. N'ai pas condamné, n'ai pas approuvé, mais, impartial et aimable dans ma sollicitude pour un bonheur à venir, ai montré ce que le monde dirait de ce mariage, et, s'il n'était pas heureux, toujours au bout la moquerie de hyène du monde qui pour le coup aura raison. — Ai nommé les choses par les noms qu'elles portent. — Pauvre femme! me fait l'effet d'être roulée dans un inextricable réseau que l'absence de caractère, les petitesses de l'esprit, les mollasseries du cœur ont *tissé* autour d'elle et dans lequel elle s'embarrasse toujours un peu plus quand elle veut en sortir. — Lasse, elle y reste. — C'est fait. — Une vie consommée et déchue. Quelle profonde misère digne de mépris et tout à la fois de pitié!

Je devais dîner chez G..., mais il n'est pas rentré ; donc, revenu chez moi. — Je devais aller chez ces dames de Gervain, mais le temps est à la pluie immense, — une tristesse désolée d'hiver! — Dîné là, sur ma table à écrire, en lisant Stendhal, — préoccupé plus de mille souvenirs que de ma lecture. Pensé à ces deux femmes qui dans ma pensée se confondent comme deux lutteuses mêlant leurs chevelures brune et blonde. Singulier dualisme de cœur! — C'est le bon et le mauvais génie. — Mauvais! pourquoi? Qui sait? Elle s'en est allée, mais elle m'aimait. — La pluie et le mauvais temps me font toujours penser à P... Je ne l'ai connue que l'hiver, et son idée ne peut être soulevée en moi par le soleil, tandis qu'il y a tel accident de lumière, par un temps sec et froid, ou humide, qui fait naître son souvenir à l'instant même... C'est comme tout ce qui me rappelle l'originale manière dont elle portait son châle.

Couché dès neuf heures pour la rareté du fait, et en vrai courtisan du sommeil, mais lu encore assez de temps.

Dimanche 26.

Levé à huit heures. — Allé au Journal. Y suis resté jusqu'à trois heures. — Revenu commencer un article et finir le livre de Stendhal, couché sur mon canapé. — Guérin est venu. Causé et discuté avec assez d'action, lui cherchant à me prouver que je ne suis pas ce que je suis et moi rétablissant les termes. — Gaudin est venu. — Habillé, frisé, et prêt à six heures. — Allé dîner chez Gaudin. Bien dîné et gaiement, sans folie, mais n'ai pas bu. Ces messieurs ont adorablement fêté le vin blanc. — Descendu à Corazza, où ma fragilité s'est permis la débauche de quelques gouttes de café dans du lait. — Remonté jusqu'au Café de Paris. Assis près des grands vases et raillé la foule qui n'est jamais belle, mais qui ce soir était plus laide que jamais. — Gaud... a pris du vin de Madère, G... un sorbet, et moi rien. Pythagore m'avouerait pour son disciple. — Allés chez madame Alb... dire des extravagances, puis moi chez A... et rentré fatigué, mais bien portant et la tête sans aucune lourdeur.

27, lundi.

Levé à six heures. — Fourré au travail jusqu'à huit. Mais Aimée la blonde est venue et nous avons causé d'autrefois. — Sorti à dix heures et au Journal. — Travaillé là jusqu'à cinq heures. — Lu le rapport au roi sur les chemins vicinaux ; bon travail d'administration. — Revenu la tête un peu lasse. Fait coiffer tout en lisant. Habillé ! — Sorti et dîné chez G... Descendu ensemble jusque chez ces dames de Gerv... — Rencontré Pauline, la maîtresse de Th..., et nous lui avons parlé. — G... était triste et avait l'air abattu. Qu'avait-il ? — Sa *fiancée* jolie et bleue comme un papillon de cachemire. — Revenu

seul vers onze heures par un temps chaud
et un ciel assez pur.

28.

Levé à sept heures. Habillé de pied en
cap. — Allé au Journal. — Lu les journaux.
Consulté le *Droit des Neutres* de Lampardi
et le *Traité* de Klüber, et fait un article à
propos de la violation du blocus mexicain
par le capitaine Clarke, un article plein de
science et remarquable, je crois. — Lu de
l'espagnol (les *Mémoires* de Miller), ouvrage
intéressant, mais sans élévation. — A cinq
heures et demie rejoint ma tante aux Tuileries. Un temps brûlant, mais un ciel épan-
chant une lumière dorée d'automne dont
l'effet sur moi tient de l'ivresse folle que me
causent certains morceaux de musique. Le
grand air de la *Sémiramide*, par exemple.
— C'est la seule sensation que j'aie à com-
parer avec celle de cette lumière mûre et
ambrée plus délirante que celle de la plus
charmante femme et plus suavement profonde. — Dîné chez Véfour avec *mia Tia*.
Ennuyeux et froid tête-à-tête. — L'ai re-
conduite chez elle. — Allé chez la Marquise
pour me remonter, mais n'ai trouvé per-

sonne. — Descendu chez Ap..., où j'ai bu une incommensurable quantité d'eau sucrée. — Rentré. — Couché et lu dans mon lit la *Correspondance anglaise et française* du gouvernement de Buenos-Ayres et du consul de France. — Froide chose!

29.

Levé à sept heures et demie. — Le temps à la pluie, un ciel gris, mais avec de ces coups de reflets argentés en dessous qui me touchent et me plaisent. Toujours victime de la lumière, mon plus beau trésor de sensations! — Habillé, — écrivaillé un billet à la maîtresse de Th... — Allé au Journal. — Mon article d'hier a eu l'honneur d'être répété intégralement ce matin. Au fait, il est bien, et plus fort que tous ceux qui ont paru sur le même sujet. — Lu les journaux. Écrit un long entrefilet pour demain. — Repris les *Mémoires* du général Miller. — Revenu pour l'heure de dîner chez G... — Allé d'ennui et d'entraînement avec lui au feu d'artifice (car c'est aujourd'hui fête publique), et comme le temps a changé tout à coup ai pris froid et ai soupiré avec tendresse en pensant à mon manteau oublié. — Rentré

de bonne heure. — Trouvé un billet de G...
Anéanti jusqu'au langage. — Écrit ceci et
vais me coucher. — Pour travailler de tête,
la position horizontale m'est commode. —
Vais essayer d'ajouter quelques lignes à
Madame de Gesvres, cette cristallisation étincelante, coupante et taillée à facettes, mais
si lente à se former sous mon souffle ironique et froid. — Voyons donc! Voyons.

30.

Éveillé et levé à six heures et demie. —
Au bain immédiatement. — Suis resté dans
l'eau jusqu'à huit heures, lisant Bassompierre, — l'eau chaude et ayant opéré un
mieux, car à cause du froid d'hier soir je res-
sentais de profondes douleurs dans la poitrine. — Revenu. — Habillé. — Dit un mot à
Gaudin en passant. — Allé au Journal. Fait
la moitié d'un immense article sur les chemins vicinaux pour apprendre, comme je le
disais à R..., à assouplir mes vertèbres de
serpent. — Lu les journaux. — Fait ma correspondance. — G... est venu. Causé tout en
corrigeant des épreuves. — Sorti à cinq
heures et demie. — Trouvé deux lettres. Ai
répondu à la première tout en dînant.

La seconde est un billet de la Marchesa écrit à la hâte, comme on peut le voir par l'écriture, et signé Marthe. Ce nom est sa griffe royale. Quand elle le signe, j'obéis toujours. — Me mande d'aller chez elle ce soir, qu'elle est malade et que je suis sûr de la trouver. — Qu'a-t-elle, cette beauté titanique à qui la langueur va si peu?

Bouleverse ma soirée. — Je devais aller voir jouer une débutante du nom juif de Rachel, qui paraît ce soir dans *Tancrède* et dont on dit beaucoup de bien. Or, je sens que ce nom de Marthe placé au bas de ce griffonnage maudit sera l'épée de Brennus dans la balance. — Coiffé. — Le jour baisse. Un temps d'une grande beauté automnale, mais trop froid. — Un vrai temps pour *mélancoliser* avec une femme, et je vais en voir une, belle et spirituelle, — mais probablement ne la trouverai pas seule, comme je la voudrais.

Au soir.

Je rentre glacé et me jette au lit sous l'impression de ce froid damné. — La Marchesa était chez elle au milieu de ses filles, peignant des fleurs artificielles. Théodorine

d'un charmant embarras et toute rougissante.
— Causé mieux et plus que quand la Marquise n'est pas seule, et malgré le plus furieux mal d'estomac. — Revenu à onze heures. — Couché. — Vais lire dans mon lit.

31.

Une nuit assez calme. — Réveillé à six heures et demie. — Travaillé jusqu'à huit et fini mon travail sur les chemins vicinaux. — Un coup de peigne et au Journal! — Fait un article sur l'archevêque de Paris, lâche politique, nature hybride, pauvre homme au fond. — Lu les journaux. — Renée est venu me voir. — Causé tout en corrigeant les épreuves. — Diné chez Gaudin. — Le temps beau, mais toujours froid. — Rentré immédiatement après dîner, résolu à ne plus sortir. — Je sens l'ennui gonfler sa vague amère au dedans de moi. Que ferai-je? — Vais essayer ce que Lord Byron appelait *donner la lime à ronger au serpent.* — Ah! j'en ai toute une caverne pleine, au dedans de moi. Heureux Abd-el-Kader, qui à mon âge est homme de guerre déjà renommé et ne s'ennuie pas comme moi! Odieuse destinée.

Plus tard.

Essayé de travailler, mais pris d'un accès de fièvre et couché.

1er de septembre.

La fièvre a cessé et n'est pas revenue, mais la tête douloureuse et les nerfs agacés. — — Aujourd'hui levé à sept heures. — Au bain. — Puis au Journal. — Fait un long article contre John Bull. — Lu les journaux et du droit administratif jusqu'à quatre heures. — Revenu m'habiller. — Le temps est magnifique et tiède comme une robe ouatée; l'automne se lève sous de beaux présages. — Allé chez la Marchesa, un peu souffrante, *lassement* étendue sur sa causeuse, et la coquetterie se reposant sur ses armes. — Raillé tout en mettant des gants trop étroits. — Allé prendre L. B... pour dîner. Dîné tous deux au cabaret. — L'ai conduit à l'Opéra. — Une soirée enivrante de clair de lune, de sérénité, d'harmonies. — Allé chez A... puis chez madame Al... Puis parti d'ennui d'attendre Gaud. qui n'est pas venu. — Mais l'ai rencontré gris encore du plus sublime déjeuner qu'on puisse faire et dont il m'a raconté les détails avec orgueil. — Gai et d'un entrain agréable. Pris une limonade avec lui au café Véron, dont par parenthèse les femmes sont affreuses. L'ai reconduit chez Al... Avalé par *far-niente* une tranche de veau froid, charmante occupation! — Vagué un peu sous le clair de lune, mais seul comme un spectre. — Rentré. — Couché. — Lu dans mon lit.

2. Dimanche.

Paressé jusqu'à sept heures, ce qui est un grand excès pour mon activité actuelle. — Levé avec un mal de tête assez douloureux. — Allé au Journal. Lu, écrit et travaillé jusqu'à trois heures. — Le temps beau, automnal, étincelant de la lumière ambrée qui me donne des sensations *inavouables* tant elles sont incompréhensibles! — Comme je ne me sentais pas bien, suis allé me jeter dans l'eau chaude, mon grand remède, et y suis resté une heure et demie à lire la *Revue des Deux-Mondes*. — Sorti comme Éson de sa chaudière et renouvelé. — Revenu faire *un brin de toilette*, mot gracieux comme tout ce qui rapproche une idée de civilisation d'une image naturelle. — Trouvé Guérin, puis Gaudin. — Causé avec eux tout en m'habillant. — Suis allé dîner chez madame A... avec Gaud. Dîné gaîment, mais, après, la tête lourde et tué de stupeur. — N'ai repris vie et circulation que le soir, quand nous sommes sortis au clair de lune. — Rentré. — Couché. Essayé de lire, mais ai tout jeté là pour dormir.

3 septembre.

Levé à sept heures. — Fait diverses choses. — Allé chez G... puis au Journal. Y suis resté à travailler, selon ma coutume, jusqu'à quatre heures et demie. — Revenu m'habiller. — Puis rejoint L. B... — Lui ai donné à dîner. — Nous devions aller ensemble à l'Opéra voir la première représentation de *Benvenuto Cellini*, mais Duprez ne jouait pas pour cause d'indisposition. — Ces misérables histrions ne se donnent-ils pas les airs d'être malades! — Descendu aux Tuileries. — La promenade superbe, — le ciel bleu de *ciel,* les arbres d'une verdure sombre, et la lune, ronde et pure, s'élevant à travers quelques hachures d'argent, émaillé de gris de lin, avec une indescriptible majesté. — Les femmes traînant la robe indolente, quelques jolies tournures dans l'ombre, un doux mystère, — tous les charmes du soir. — Causé assez intimement, L. B... et moi. Parlé d'un projet de publication sur le droit public de l'Europe pour cet hiver. Quitté L. B... Monté au Boulevard. — Ai rencontré Camille, belle autrefois comme celle d'André Chénier, mais, hélas ! frappée à la joue de ce rude soufflet du temps qui laisse sa marque où il est tombé. — Grande ruine pendante, longue girandole de lilas déflorée et déjà flétrie, mais dont on juge les proportions encore. — Allé chez la Marchesa finir ma soirée. — L'ai trouvée malade, mais mieux pourtant, et le teint reposé d'une convalescente. — Taquiné madame de M... Ai soutenu à la Marchesa que la conscience des femmes est toujours l'*idée qu'aura le voisin* sur leur compte et rien de plus. — Rentré. Pris un verre de sirop de groseille, ironie de breuvage pour qui aime le *sérieux* des alcools. — Griffonné ceci et vais lire, car je n'ai pas sommeil.

4 septembre.

Levé à six heures. — Ouvert mes fenêtres pour boire ce lait de lumière et d'air frais

qui balaie les songes cruels et les pensées
mauvaises de la nuit. — Ma position maté-
rielle s'améliore, — je suis aussi indifférent
sur toute femme qui n'a pas *eu son règne* dans
le passé qu'homme puisse l'être, c'est-à-dire
qu'actuellement je ne désire pas, — *blank
dead*, — et pourtant les matinées reprennent
leur vieille habitude d'angoisse. C'est quelque chose d'organique, je crois. — Ai combattu par le travail jusqu'à huit heures. Habillé, puis au Journal. — Fait un article. —
Lu du droit public, une brochure de je ne
sais plus qui assez au fait des affaires de
l'Europe, et d'une familiarité d'expression
pleine d'énergie. Dit que la position géogra-
phique et la configuration du terrain décident
de tout dans le sort des nations, — vue que
je crois d'autant plus vraie qu'elle est moins
spiritualiste. Écœuré de spiritualisme depuis
quelque temps! Affectation des affectations,
et tout est affectation! Variante de la parole
de l'Ecclésiaste. — Revenu. Reçu une lettre
de... triste, dévouée, pleine d'abnégation,
qui me rend une liberté dont je ne veux pas.
Noble femme! — Habillé sous l'impression
de cette lettre, impression qui me suit encore
à cette heure où je trace ces mots. — Elle
veut me marier, — pente éternelle au sacrifice par lesquelles elles s'élancent toutes. Tan-

gente sublime ! — Mais c'est en vain. —
Dîné chez G... pour secouer mes pensées. Le
temps bas, sombre, brûlant, orageux. — Descendu à Corazza prendre un filet de café dans
une tasse de lait. — Entré aux Français voir
jouer cette petite Rachel qu'ils vantent. L'ai
suivie dans les détails de son rôle (Hermione),
mais n'ai écouté qu'elle, tournant dédaigneu-
sement le dos à la scène dès qu'elle la quit-
tait. — Assez de femmes, mais beaucoup de
province, jolies, fraîches comme on ne l'est
pas à Paris, avec des tablettes de poitrine
en marbre blanc et... des robes mal faites.
— Cette petite Rachel n'a pas d'organes, ni
yeux, ni voix, c'est-à-dire la moitié de la
tragédienne, — ce qui reste est une bonne
diction parfois, mais ni profondeur de conception, ni variété de gestes et d'entrées. —
Non désappointé, car je ne me fie point aux
éloges qu'on fait des acteurs, l'art dramatique étant chose sur quoi j'aie le plus réfléchi
et l'une des raretés que mon ignorance sa-
che.

Promené au foyer. — Rencontré L. B...
puis Malitourne, avec son sourire fin et faux,
noyé dans une face couperosée, sa voix lasse
et son œil d'homme d'esprit prosti*tué* et *tué*,
— mais d'homme d'esprit encore, — puis
de C., qui ressemble à un vieux reptile qui a

une fluxion. Fendant, gascon, mais de peu de tenue, s'effaçant sous la mesure qu'on a et qu'il n'a jamais. — Ai *figé* son outrecuidance par un ou deux sarcasmes froids. Du reste, n'a pas l'ombre de son talent d'écrivain en conversation. C'est qu'il est homme de talent et non d'esprit, et Rivarol, qui avait l'honneur d'être encore plus le second que le premier, a raison dans la différence qu'il établit entre ces deux attributs des créatures humaines privilégiées. — A mauvais ton, comme tous ces souillés d'encre. Aussi, avec eux, le ton de la bonne compagnie est le meilleur porte-respect, — ils n'y résistent pas.

Sorti après la première pièce, — le temps à la pluie ruisselante. — Causé, L. B... et moi, dans les galeries du Palais-Royal, puis jeté en cabriolet et rentré.

Plus tard. Dans la nuit.

Écrit une petite tartufferie veloutée à madame ma tante, — pris un verre d'eau et de groseille, — consulté Klüber (*Droits hypothétiques des états*) pour mon article de demain, — mis à ma fenêtre, — la pluie a cessé, mais le ciel est aussi couvert, — tordu mon châle rouge à la tête. Pourquoi ai-je le cœur dans une disposition si amère ? Influence de cette lettre, je crois. Ah ! pourquoi ne suis-je pas comme William Pitt, qui mourut à quarante-sept ans d'un épanchement à ce cœur qu'une femme n'avait jamais occupé. Un grand homme, après tout, que ce Pitt ! mais sans grâce, parce que la grâce vient peut-être de la *possibilité d'éprouver de l'amour*. Lui n'en eut que pour la gloire et pour son pays, deux sentiments virils et fiers ; mais la grâce est d'origine féminine. Voyez César ! — Je vais me jeter au lit et parcourir encore Klüber. — Bon soir !

Cinq heures et demie. 5 septembre.

Levé à six heures. Travaillé à cet article de droit public jusqu'à huit. Je remarque que quand j'ai surmonté la sensation *désolée* et *isolée* (les langues sont aussi analogues entre elles que les situations d'esprit qu'elles expriment ; la langue est *tout l'homme* et le style est *les hommes*, voilà comme je modifierais ce Buffon-Ballon, majestueux et gonflé, qui a pensé en grand seigneur, c'est-à-dire sans se gêner sur la langue), quand donc j'ai surmonté cette atteinte du réveil, je me sens plus apte à travailler, la pensée plus féconde, la forme plus facile. C'est une fraîcheur de tête singulière, une aurore d'idées ! — A huit heures habillé. — La pluie tombant à flots, allé au Journal en cabriolet.

Lu les journaux. Fait un article sur l'Évêché d'Alger. — Quel touche-à-tout que le journalisme ! — Travaillé. — Continué la brochure sur l'Europe du comte Rivallière-Frauendorf. Intéressant, spirituel, pittoresque ; une expression qui se *fout* d'être incorrecte et qui a bonne grâce dans sa hardiesse. J'aime cette façon *lionne* dans le style. C'est digne d'une pensée virile et forte qui va au fait et méprise les détails. — Corrigé des épreuves. — Revenu en cabriolet à cette heure. — Je ne sortirai plus. Le temps est à la pluie, aux éclairs, à la grêle, au tonnerre, aimable tintamarre ! — Ai *troussé* un billet à Guérin, qui n'est pas venu et que j'aurais gardé, — puis écrit ceci en attendant mon dîner qui n'arrive pas !

Minuit et demi.

Impatienté parce que mon dîner est arrivé tard. — Lu du Byron. — Dîné avec du poisson et des œufs. — Après dîner, lu le dernier volume des *Mémoires de Raguse*, moins bon que les précédents. Saisi d'une stupeur épouvantable, — jeté sur mon lit dans un état d'anéantissement tout physique, — puis relevé. — Le temps est à la pluie et aux éclairs plus que tantôt encore. — Bu de l'eau, — les mains brûlantes, les nerfs abattus et l'altération insatiable. — Dans l'impossibilité de travailler.

6.

. . . .

7.

Hier n'ai rien noté. — Je travaillai tout le jour et le soir donnai à dîner à R... et à G... chez notre ancien *tavernier* Cop... — Le dîner digne d'un amphitryon de ma sorte. — Je passai une partie de la nuit à relire un long et solide article d'histoire ecclésiastique avec Renée et qui doit paraître dans le *Journal de l'Instruction publique*. Travail élevé et assez remarquable pour que je n'hésite pas à le signer de mon nom.

Aujourd'hui levé à sept heures. — Le temps à la pluie dense et pressée et gémissante. — Travaillé avec assez d'attention jusqu'à neuf heures. — Habillé. — Sorti. — Au Journal.

— Lu tous les journaux et les journaux italiens. — Vraiment curieux ! — On n'y dit pas un mot de politique et l'on y traduit, vaille que vaille, les petites historiettes françaises. — Fini la brochure de la Rivallière-Frauendorf. — Bien portant, malgré un temps qui influe toujours sur mes diables de nerfs. — A cinq heures, pris un cabriolet. Fait jeter à l'*Instruction Publique*. Pas trouvé Renée. — Revenu chez G... — Ai lu du Michelet avant dîner. Grand peintre, mais trop abreuvé d'allemanderie. — Dîné avec G... et quoique le temps se soit purifié et que la lune, dans sa fraîcheur pâle (c'est la fraîcheur des femmes distinguées), ait paru dans un ciel lavé par les pluies, je suis rentré chez moi. — Trouvé des lettres. — Une d'Aimée la Flave et une autre de sa nièce, qui m'invite à son mariage. — Pauvre enfant avec qui j'ai tant joué et que je vois encore avec ses cheveux sur le cou et sa robe verte, et que voilà une grande fille maintenant ! — Cette lettre m'a jeté dans un abîme de souvenirs. — Écrit plusieurs choses. — Corrigé un article sur le droit public, bon, que je crois. — Écrit vingt lignes, soignées comme des vers, de *Madame de Gesvres*. — Lu du grand de Maistre et couché après avoir bu un verre d'eau.

8.

Bien, mais trop dormi. — Levé à huit heures. — Le tailleur est venu. — Essayé des vêtements un temps infini. Puis coiffé. Puis au Journal. — Comme la vie se plie vite à la routine! Où sont mes habitudes irrégulières maintenant? — Lu les journaux. Fait un entrefilet. Je finirai par faire de ces choses-là avec la souplesse que j'ai pour écrire un billet. — Corrigé l'épreuve de mon article sur Ranke. — Causé. Puis lu Bassompierre. Le tout jusqu'à cinq heures et demie. — Revenu par un temps qui veut se relever et ne peut guères. — G... est venu me chercher pour dîner. — Dîné donc chez lui et avec lui. — Après dîner, habillé et coiffé. — Allé de corvée au Théâtre-Français. — A l'orchestre, pour chercher L. B... — Mais A. de Calonne est venu me prendre et a mis sa loge à ma disposition. J'ai donc quitté madame Ménessier-Nodier, contre la baignoire de laquelle j'étais appuyé. Physiquement ne me déplaît pas, quoique non jolie et fort brune, mais forte, épaisse, avec des bandeaux noirs comme l'Enfer et des yeux pleins de flamme. — Ressemble, je trouve, aux portraits de madame de Staël. — Avant de l'avoir vue, car elle était d'abord dans le fond de la baignoire, je savais que là *gîtait* un bas-bleu, à l'*affectée* conversation *hémistichée* que j'interceptais au passage. — Causé d'entraînement et *portraitant* avec de petites phrases coupées pendant la mortelle représentation du drame de M. Empis (le *Jeune Ménage*). — Secoué de C... et L. B... Resté seul aux deux derniers actes. — Le temps beau. — Allé au Boulevard. — N'y suis pas resté dix minutes. — Rentré. — Écrit. — Couché et lu assez tard.

9. Dimanche.

Le temps beau, mais glacé. — Lu de Maistre en m'éveillant ; mauvaise sensation que celle de retrouver la vie, en s'éveillant, chaque matin. — Allé au Journal. — Lu les journaux. — Pris des notes, et à deux heures revenu chez moi faire un feuilleton sur la pièce d'Empis (tant pis !), mais pas en train. — Ai tout jeté là pour avaler des œufs frais et m'habiller. — Une longue, longue toilette qui n'a guères fini qu'à cinq heures. *Es muy bien, signora?* — G... est venu. — Sortis ensemble. — Jeté une carte chez M. D... et allés *vaguer* au Palais-Royal. — Un ciel tout en nues, une lumière grise et perlée infiniment douce et touchante. — Ai remarqué une jolie et grande femme, jeune, élancée, teint d'ivoire jauni, yeux vert de mer, expression attentive bien supérieure à l'air vague et rêveur qu'affectent les femmes de ce diable de temps ; — elle promenait un enfant. Vient-elle là souvent ? Le châle tordu sur les reins cambrés trahissant les beautés secrètes. Belle créature en résumé ! — Offert à dîner chez Véfour à G... Dîné excellemment en regrettant Guérin, notre dîneur-poète. — Sans mal de tête, sans lourdeur après. — Conduit G... chez madame A... Descendu chez Ap. — Y ai échangé des mots assez vifs avec une jeune marchande qui a eu l'hypocrite bêtise de trouver mauvais que je la lorgnasse. — Remonté le Boulevard, mais le froid m'a chassé de Tortoni. — Rentré. — Griffonné mon feuilleton pour demain et couché à une heure fort avancée si (car ma pendule s'est arrêtée) j'en juge par les bruits du dehors qui s'éteignent peu à peu dans le silence.

10.

Levé à six heures. — Achevé mon feuilleton. — Allé au Journal. — Fait un premier Paris pour demain. — Lu les journaux, enfin travaillé jusqu'à cinq heures et demie. — Allé chez G... un peu fatigué. Ne l'ai pas trouvé et me suis mis à lire des Revues en l'attendant. Au fait, des Revues, ce n'est bon à lire qu'en attendant quelqu'un. — G... est rentré. Causé en admirant une gravure de Nattier d'après Rubens. J'aime mieux cet homme que Raphaël lui-même. Il trouble à tel point mes organes que l'intelligence ne juge plus, critique de chair et d'os que je suis ! — Dîné ensemble. — Le temps est plus froid qu'hier encore. La tête lasse, les nerfs abîmés, je me suis promis de ne pas sortir ce soir. — Point de toilette à faire. Un beau débarras.

Rentré donc chez moi. — N'est venu personne. Est-ce que Guérin serait souffrant, par hasard ? — Écrivaillé des lettres avec cette espèce de fureur qui me fait les précipiter les unes sur les autres. En règle maintenant avec tous mes correspondants, excepté avec M... — Appris que ma conversation d'avant-hier soir en loge aux Français a piqué de curiosité la tante de mademoiselle Dupont qui se trouvait dans la loge de M. de C... où j'étais. La tante et la nièce, hier soir, sont venues regarder dans la même loge pour savoir sans doute si je m'y trouvais. — Ma foi, je serais bien aise de savoir si la Dupont a la voix aussi vibrante, aussi *caquet-bon-bec ma mie* hors la scène que sur la scène. Nous verrons peut-être. — Pas en train de veiller. Couché.

11 septembre.

Levé à... Fermé des lettres. — Habillé. — Allé au Journal. — Lu les journaux. Corrigé un article. Fait diverses choses et revenu chez moi vers trois heures. — Fourré à écrire. — Le temps est nuageux, mais avec des percées de bleu superbe, et le vent souffle de l'Est. — Avalé trois œufs frais tout en courant. — Fait une longue toilette et sorti. — Allé chez la Marchesa que j'ai trouvée avec une figure lasse et passionnée comme si elle l'était. — Assisté à son dîner, mais j'ai refusé de dîner parce que je ne voulais pas rester. — Pris un cabriolet. — Allé chez ma tante. — Pas trouvée. — Fait charrier chez P. L. F..., l'ancienne maîtresse de T... L'ai invitée à souper pour demain, de la part de

Gau... Puis, allé voir la fiancée de G... Nous avons tristement fait *curée* du triste et bouffon mariage de ma tante. — Revenu au Théâtre-Français ; — mortellement ennuyé à voir jouer les *Horaces*. N'ai trouvé mademoiselle Rachel bonne qu'un seul moment et qui n'a pas été long. D'ennui, je suis monté jusqu'à notre Boulevard de Gand dont la beauté ne pâlit point. Gagné de l'appétit en me promenant, et comme je n'avais pas dîné, suis allé souper au Café Anglais.

19 au soir.

N'ai pas oublié de noter ces jours-ci, mais n'ai pas *voulu* les noter. — Qu'ils restent une lacune ici et que ne peuvent-ils en être une dans ma vie ! Mais ce souhait est vain. Le souvenir se charge du passé et vous en rapporte l'image. La dernière chose que j'estimais dans mon âme y a été brisée et flétrie ; je suis plus libre, mais à quel prix ?

Non, je ne me replierai pas sur des sensations réprimées, mais non vaincues encore, et quel que soit le dessous, que la vie reprenne le fil de l'eau ! — Aujourd'hui levé à huit heures, abattu (nerveusement du moins), avec un rhume atroce gagné ces jours-ci en sortant du bain, las d'une nuit d'autant plus lourde et plus agitée que j'avais soupé hier soir. — J'étais allé chez madame de F..., où se trouvaient force Anglaises (les plus désagréables pécores du monde connu que des Anglaises ! mais celles-là renchérissant sur la *désagréabilité* du reste de la nation). Plus, des petites filles françaises bien dignes d'être des *Miss* par la gaucherie et par la fraîcheur vulgaire. — Immensément ennuyé et complètement muet. — Par conséquent, sorti de bonne heure, et, comme j'avais supprimé le déjeuner et le dîner, je suis allé souper au Café Anglais, — seul et égoïste. — Y ai vu une jolie et petite femme, par parenthèse, délicate, mince, avec des mains effilées et des yeux de velours, et qui mangeait comme un crocodile. — Charmant spectacle !

Aujourd'hui donc sous l'empire des horreurs d'une digestion retardée et d'une nuit fiévreuse. — Allé au Journal à huit heures. — Travaillé là jusqu'à quatre heures, à diverses choses. — Revenu chez moi avec G... qui m'a quitté. — Un temps splendide, mais tellement souffert que j'ai fait faire du feu pour ne plus sortir. — Lu du de Maistre. — Grand esprit, énorme portée philosophique, imagination de flamme avec une *acuteness* que n'ont pas toujours ces esprits flambants.

— Essayé de travailler de tête, mais pas en train. — Dîné férocement, comme la suave petite personne d'hier soupait à belles dents de nacre, — ravissante tigresse! — Repris de Maistre. — G... est venu; causé avec une gaîté fulgurante. — Lui parti, écrit une longue lettre à L. M... Puis lu. Puis pensé à... et à... Couché enfin et lu de l'Histoire Romaine dans Michelet.

20.

Mieux qu'hier, mais pas bien encore; — le temps contrastant avec celui d'hier, triste, pluvieux, coupé d'averses. Allé au Journal. Travaillé, lu, et pris des notes. — Causé avec ce Suédois, M... Curieux à entendre, mais radical comme le démon, car le démon est très certainement radical. — Revenu à quatre heures. — Habillé et allé chez Ch... où je dînais, avec ma tante et MM. D... et D... De là chez Musard, où ils ont joué cette ensorcelante chose, l'air de la *Sémiramide*, qui me ferait croire à l'âme si je n'y croyais pas, — volupté inexprimable comme la volupté de la lumière, sensation d'une si grande plénitude qu'à se répéter elle ne s'affaiblit pas, même dans moi, nature si sèche et si bornée. — Quitté ma tante après le concert. — Dit bonsoir à Ap... Rôdaillé au Boulevard, mais des gouttes de pluie m'ont forcé à rentrer. — Écrit ceci et me jette au lit et vais lire.

21 au soir.

Le temps spleenétique aujourd'hui. — Je rentre, sous la pluie, dans la disposition la plus misérable, et je ne ressortirai pas. — Je devais voir la reprise du *Père de famille*, de ce forcené génie que la manie sacrilège des innovations a perdu, ce Diderot, père libertin des bâtards impudents de l'école actuelle, mais il eût fallu s'habiller, *mettre sa Chlamyde*, et d'indolence physique et de tristesse intérieure, je suis resté !

Qu'ai-je fait aujourd'hui? la même chose que tous les jours, composée de mille choses dont le profit n'est peut-être pas bien sûr. — Avec cela, n'ayant pas la joie, le plaisir du moment, qu'avait le singe qui jetait des doublons à la mer. Je n'ai ce plaisir que quand je cause, *Cymbalum tinniens,* car quoi de plus jeté à la mer que l'esprit et le temps dépensés dans la causerie ?... Il faut que je me défie de cela. — Ne périt-on pas par ses qualités même : — Voici depuis quelques jours que je suis effrayé du néant de mon passé, car l'homme ne doit pas vivre seulement en lui; j'ai des remords d'intelligence. Qu'ai-je fait et que suis-je? — Excepté quelques fragments écrits à bâtons rompus et qui reposent, Dieu merci! sous l'inviolabilité du portefeuille, et ce roman peut-être éternellement inédit de *Germaine* [1], plein de lueurs à travers des incohérences de détail, et où la vérité humaine meurt dans l'idéal d'un syllogisme, livre cruel et *précordial* en bien des endroits, écrit d'un style sans unité où la vanité des instincts lutte contre la puberté mal apprise et corrompue, œuvre informe et qui sera curieuse si je deviens jamais quelque chose, chaos de deux énormes volumes dans lequel j'ai promené une équerre de cuivre, qu'est-ce que je laisserais d'achevé, de *forclos*, si je mourais? — et j'aurai bientôt trente ans ! — Où ai-je donc vu qu'il faut savoir à moitié une foule de choses afin d'en savoir bien une seule ; telle est peut-être mon excuse et ma consolation. — J'ai touché à beaucoup de faits et d'idées, mais il faut creuser, systématiser, organiser, *idéer* enfin pour son compte. Dorénavant je vais mettre

---

1. *Ce qui ne meurt pas.*

un ordre régulier et sévère dans mes lectures, ces forêts coupées pêle-mêle et jetées dans le feu qu'elles étouffent parfois. — Me poserai en but deux ou trois plans d'ouvrages autour desquels j'aurai à rallier et à faire graviter mes forces intellectuelles et mes connaissances acquises ou à acquérir. — Reprendrai les langues abandonnées et me créerai une méthode dont ma volonté assez solide ne se départira pas.

Aujourd'hui levé à huit heures, le corps ferme et l'esprit net et prompt. — Allé au Journal. — Lu les journaux, fait un article que L. B..., ce moine d'Égypte châtreur, a mutilé dans ce qu'il avait d'énergique et de vrai. L'ai laissé faire, étant devenu à l'endroit du journalisme aussi impersonnel que l'on puisse l'être et ayant fourré ma volonté à *silencer* ma conscience de ce qui est bien. — L. B.. a trouvé mon article lourd, mais la lourdeur est relative ; la lourdeur d'un corps vient souvent de la faiblesse de celui qui doit le soulever. — Qu'importe, du reste ! Là n'est pas ma vie. Mes idées et mes convictions sont contraires à ce que je soutiens par intérêt actuel (le bâton pour sauter le fossé du cardinal de Bernis) et par désir de m'assouplir en me brisant. Quelle bonne manière d'agrandir, de fortifier, d'armer ses convictions, en les combattant perpétuellement ! On connaît, pour les avoir essayées soi-même, les ressources des systèmes ennemis : quelle objection donc qui tienne en échec après cela ? — Je n'ai pas encore assez d'autorité dans le monde pour que ce soit compromettant. Quand j'en aurai, ce jour-là même, je ferai la part de la responsabilité qu'il me conviendra d'accepter. — Aujourd'hui, du moins, que je jouisse de l'humble privilège d'être obscur.

Me suis dépouillé de ma souquenille *couleur de muraille* de journaliste anonyme et libéral (ah ! Tartuffe ! Tartuffe qui rit de lui-même !) et ai retrouvé un peu de *mon moi* en finissant le second volume des *Soirées de Saint-Pétersbourg* de de Maistre. — Ouvrage qui coupe la respiration à force d'idées et d'images. Me replonge avec une avidité frissonnante dans ce torrent dont je suis sorti, dans cette métaphysique toute-puissante, dans cette philosophie, mon plus spontané amour, et que j'appelais l'autre jour, après boire, *une tautologie sublime de Dieu même*, ce qui n'est pas trop mal, après tout, et prouvait pour le vin que j'avais bu. — Sorti tard du bureau. — Allé chez Ap... où j'ai dîné, — seul avec elle ! — Acheté un cachemire bleu de saphir, doux et chaud tissu

comme la peau d'une jeune femme couchée
depuis une heure. — Revenu chez moi, —
trouvé une lettre de la Metella Cecilia, ma
singulière *attachée!* Se plaint de ne plus me
voir. — Écrit un billet à ma tante pour savoir
le jour où elle épouse ce souffle et cette pauvre
bosse, chétive combinaison pour un mari !
— Resté à rêvasser longtemps à une petite
fille (treize ans à peine) que j'ai vue hier au
concert, pâle, les yeux grands et *gris,* très
rapprochés d'un nez grec très pur, observa-
teurs, railleurs et déjà tendres au milieu de
tout cela, les cheveux d'un roux charmant,
sans aucune boucle et coupés très courts
comme ceux d'un garçon, les mains pleines
de morbidezze, soutenant nonchalamment
cette tête rousse et prématurément pensive,
en entendant l'adorable harmonie de la *Sémiramide.* Je n'ai jamais rien vu de plus
étrange et de plus délicieusement impressif
que cette enfant. — Souvenir de peintre ! —
Parfois je me sens une rage de peindre ce
que j'ai vu, de corporiser avec la ligne et la
couleur un souvenir plus ardent en moi que
la vie, plus substantiel que la réalité. Alors
les mots m'impatientent. Ils ne sont que du
crayon blanc pour faire des chairs qui demanderaient les velours lumineux ou éteints
des pastels ! — Je crois que je pourrais de-

venir amoureux de cette petite fille, amoureux jusqu'aux folies. C'en est une que j'écris là, mais c'est vrai. Pourquoi ne pas se regarder au fond de l'âme ?

Écrivaillé de la *Madame de Gesvres*, puis écrit ceci, et la pluie résonne mélancoliquement à mes fenêtres. — Les poètes ont raison ; il y a une influence invincible dans une chose si simple que cela. — Pensé aux poètes. — Ils ne se comprennent pas plus que la flûte ne comprend le son qu'elle module et jette roucoulant et pur ; c'est qu'ils ne sont que la flûte de Dieu. — Vais me coucher et lire jusqu'au sommeil qui vient plus vite depuis que je ne prends plus de café.

N. B. L'ambre acquiert la propriété, par le frottement, d'attirer les corps légers. Quand vous irez voir une femme, mettez-en donc dans votre mouchoir. — On a remarqué que ce parfum avait beaucoup d'influence sur elles, qu'il les enivrait. La physique est admirable et *les corps légers* expliquent tout.

22 septembre.

Je rentre la tête lasse, toujours sous l'influence du froid après le bain de ces jours derniers. — Aujourd'hui a été une journée sans grand profit intellectuel. — A neuf heures au Journal. Fait un article et un entrefilet. — Je comptais rentrer chez moi de bonne heure, et, vu le temps qui est à la pluie incessante, travailler assidument tout le soir, mais M. de Grimaldi m'a prié d'aller le remplacer à l'Opéra. — Revenu chez moi faire ma toilette. — Dit un mot à Gaudin en passant. — Retourné au Journal. Corrigé les épreuves. Lu diverses choses en attendant le dîner. — Dîné au Boulevard avec L. B... Allé à l'Opéra. — On jouait le *Philtre*, qui ne m'a pas enivré. Puis la *Sylphide*, audace de Fanny Essler, qui n'a pas trop mal dansé sur les souvenirs idolâtriques de ce compas de peu de chair et de beaucoup d'os qu'on appelle mademoiselle Taglioni. — Toute la Presse était là. — Causé avec G... qui m'a dit que je ressemblais au Roi de Suède, que j'avais ses yeux d'aigle. A ce propos j'ai cité une phrase de madame de Staël, dans ses *Dix ans d'exil*, je crois, sur les yeux noirs de Bernadotte. La femme est toujours femme, et malgré sa réputation que les niais font, madame de Staël plus qu'aucune autre. — En fait de femmes n'ai vu personne de bien. Quelques épaules çà et là, moutonnant dans l'*azur* des loges et miroitant la lumière. Entre autres deux, profondément creusées en

cœur, grasses et blanches, mais comme do-
rées d'un reflet de chevelure blonde qui m'a
rappelé P... Du reste peu intéressé par ce
que j'ai vu et entendu. — Promené dix minutes au Boulevard. Un temps balayé, des
nuages rejetés aux quatre coins du ciel. —
Je rentre. — Écrit ceci, et vais me mettre au
lit et parcourir les *Mémoires de Fouché*. —
Bon soir !

23. samedi.

Levé à huit heures, moins souffrant toujours, mais la tête toujours un peu alourdie.
Les nerfs ravivés cependant. — Allé au Journal. Lu et travaillé jusqu'à l'arrivée de G...
Causé et revenu chez moi. — Le temps aussi
idéalement beau que possible, l'air pur et
profond, et la lumière tombant en mille flèches étincelantes du carquois d'or du soleil
qui les laissait échapper. — Appris par G...
que sa sœur allait incessamment arriver, à
ma grande joie et à ma curiosité éveillée. —
Ai diablement envie de voir si elle est de *personne* aussi distinguée que de pensée et de
style dans ses lettres. — Lu Molière par
fragments avec G... — Habillé. — Pris un
cabriolet et fait conduire par un temps d'une

sérénité divine au Quai de la Tournelle.
L'horizon cerclé d'orangé, d'aurore et d'hortensia. — La Seine verte et presque écu-
mante dans l'énergie redoublée de son cours.
— Trouvé Gaudin et madame A... Dîné gaîment et avec un dilettantisme de gourmets
exercés et superbes. — Revenus en voiture,
rue Buffo. Le temps se soutenant, mais froid
à la nuit et motivant le *mantel* de satin dans
lequel j'ai enroulé mes infinies délicatesses.
— Allé chez la Marchesa absente et qui
m'avait écrit pour une soirée à passer ensemble au spectacle. — Allé de là chez la Cecilia Metella. — Pas trouvée. — Appuyé à la
rampe de Tortoni, ennuyé, mais pas assez
encore pour ne pas percevoir avec je ne sais
quelle volupté triste les ineffables beautés
du soir. — Revenu chez moi. — Fait du feu.
Fourré à l'ouvrage et écrit mon feuilleton
sur Fanny la danseuse, avec cette impétuo-
sité qui me prend quand je veux m'éviter moi-
même. — J'aime Fanny au point de mentir
pour elle, ce qui n'est pas beaucoup dire, du
reste. — Ai donc égorgé sur ses autels la
Taglioni. — Comme Oreste, je tue pour Hermione. — Explique qui pourra ces déprava-
tions qui soufflètent si bien l'intelligence sur
les deux joues ! Ce que Fanny a de plus mal,
c'est la bouche, et c'est ce que je préfère en

elle, même à ce qu'elle a de bien. Et pourtant je ne suis pas un barbare ! — Ordinairement la beauté des femmes est une des manifestations de la beauté universelle que je comprends le mieux, brutal artiste ! impur génie animalisé par les passions !

Écrit bravement jusqu'à trois heures du matin et sans sentir l'horrible poids des heures dans la nuit quand on est éveillé, oisif et *seul*, triple torture. Bu un verre d'eau, — et couché.

24 septembre.

N'ai presque pas dormi. — Le jour est magnifique, et la lumière étincelante, qui fait aux yeux ravis l'effet d'un coup de clairon aux oreilles, m'a éveillé de bonne heure malgré la fatigue de la nuit. — Cacheté un billet à la Marchesa. — Habillé. — Sorti, — buvant la lumière blonde avec ivresse. — Jeté mon billet chez la Marchesa. — Allé au Journal. — Corrigé les épreuves de mon feuilleton que j'enverrai demain.

. . . .

. . . .

29 septembre.

Je ne sais qui m'interrompit, et le *Memorandum* demeura inachevé. — Depuis ce jour, la vie a coulé de même dans son bassin de marbre froid. — Aujourd'hui je reviens à jeter ma feuille de saule sur son flot si vite emporté.

Hier. — Je suis allé au bain après le travail ordinaire au Journal, — je rentrai et restai dans un état de nonchalance sans nom tout le soir, au coin du feu, ce compagnon d'une familiarité si douce ! — Essayai de travailler, mais avais comme un empêchement dans la tête. Un obstacle presque physique, quoique sans douleur. Me couchai de bonne heure, lourd et stupide.

Une nuit pleine de rêves bizarres, mais le réveil moins cruel que les jours précédents, quoique toujours plus ou moins amer. — Levé, habillé, puis au Journal. Travaillé là et lu pour mon compte jusqu'à quatre heures. — Revenu faire ma toilette. — Puis dîné chez Gaudin. — Un temps gris perle avec des flocons roses au couchant. — Dîné et causé avec G... Puis descendu au Théâtre-Français voir jouer *Cinna*, fausse et ennuyeuse tragédie que le grand nom de Corneille et quelques beaux vers n'élèvent pas au niveau que dans l'opinion elle usurpe. — Mademoiselle Rachel a eu deux beaux gestes et sa pose est fort noble quand elle reste immobile, mais pourquoi tant de gestes pour en attraper deux beaux qui seraient *soulevants* s'ils étaient seuls ? — Actrice de tête, mais qui n'a guères que des éclats. Ce qui lui manque, c'est cette vie profonde et rapide qui circule depuis le premier hémistiche d'un rôle jusqu'au dernier, en passant à travers les silences, la voix, le regard, et l'air même ! — Parti d'ennui après la première pièce, car, quoique la salle fût pleine, n'ai vu personne à regarder ou à aller entendre. — Paru et disparu au Boulevard. — Rentré. — Écrit ceci et vais essayer de travailler.

3o. Dimanche.

Levé à sept heures. — Un temps toujours gris et d'une lumière pâlement fauve, — un vrai temps blond-cendré. Parcouru les *Mémoires de Fouché* tout en m'habillant, — livre pâteux d'un homme qui agissait mieux qu'il ne pensait (mieux ici veut dire avec plus de talent). — Habillé, allé au Journal, écrit, lu, noté, corrigé des épreuves. — Guérin et

Gaudin sont venus me voir un instant au sortir de leur déjeuner en tête-à-tête, qui a été chaud si j'ai pu en juger à l'haleine de leur esprit et à l'*haleine* de leur *haleine*. — Resté encore, après leur départ, au Journal, — puis je suis allé les rejoindre chez madame A... — Décidément, m'ont fait l'effet d'être gris. — Revenu chez moi. — Allé chez le docteur G... M'a fait une petite opération qui n'a pas été toutes roses. — Revenu m'habiller insoucieusement après, comme si de rien n'était. — Dîné vastement chez G... — Descendu à Corazza, seul. Pris du lait et un peu de café. — Allé chez G... en cabriolet. Jugé des robes et parlé chiffons avec une volupté d'esprit qui ne prouve pas beaucoup pour le mien. — Mademoiselle Caro, la suave rieuse, avec un océan d'humidités charmantes dans ses yeux lapis. — Guetté beaucoup le portrait d'une dame que je dois voir chez la tante de G..., et qui, malgré l'ânerie de l'artiste, m'a fait le regarder plus que je n'aurais voulu, car le désir est au bout de toutes ces sottes attentions. — Causé doucement de riens, mais pourquoi Guérin est-il toujours sans verve et sans entrain chez lui, tandis que chez moi il se soulève ? — Organisation bizarre. — Revenu. Écrit ceci, et vais essayer de travailler.

1er octobre.

Il est cinq heures trois quarts. — Je rentre chez moi par un temps plus gris qu'hier, et d'une lumière affreusement triste, — sans clartés. — La température froide. — Je ne sais si tout cela agit sur mes nerfs, mais je me reconnais dans la disposition la plus ennuyée, la plus amère, la plus misérable, et le travail de la journée (car je ne me suis pas laissé dévorer le cœur sans chercher à faire diversion à moi-même) n'a rien pu contre cette satanée disposition qui me reprend à certains jours. — Cruelle chose!

Levé à sept heures. — Lu en me faisant coiffer. — Habillé. — Allé au Journal. — Lu. Fait deux entrefilets, pris des notes, et resté là brisant l'attention, mais brisé comme elle, sombre, sombre, avec je ne sais quel rocher sur le cœur! — Un ennui profond, invincible, et qui pousserait à tout, au vice comme au crime, s'il durait. — Vu Gaudin deux minutes avant de rentrer. — La nuit tombe à pic des nues tant elle vient et tombe vite maintenant. — Fait allumer du feu. — Fourré à griffonner ceci, en attendant le dîner et au bruit de la bouilloire qui charmait Wordsworth.

Homme heureux, ce Wordsworth, pour s'abîmer avec une volupté si douce dans de pareilles sensations !

Vais-je rester là tout le soir ? — Non, je sortirai après le dîner, ne fût-ce qu'une demi-heure. — Je crains les horreurs de la solitude et ne veux point me replier sur moi-même. — Je vaincrai cet accablement.

Au soir.

Dîné voracement. — Lu les *Mémoires de Fouché* jusqu'à neuf heures et un quart. — Bonaparte perdant la tête au 18 brumaire, — complètement, comme un enfant et une femme, — comme un Italien qu'il était. — Ce n'était pas pour sa vie qu'il avait peur, c'était pour son ambition. A tout bout de passion se retrouve la lâcheté. — A neuf heures et un quart sorti, roulé dans mon manteau. — Le temps froid, mais beau, — la lune retirée au fond des nuages, comme une fille pâle dans une pelisse de soie grise. — Allé chez madame A... Jeté sur le canapé, les nerfs abattus et l'esprit en proie à mille souvenirs. — Bu plusieurs verres d'eau, n'ayant la force de rien, pas même de causer à bâtons rompus. — Revenu lentement. — Resté sur la rampe de Tortoni dans un état approchant de l'engourdissement. — Rentré. Fait je ne sais plus quoi, et vais me coucher. — Une absurde journée en somme, et à dégoûter de la vie, si ce n'était déjà tout fait. Quelle pitié !

2 octobre.

Levé à sept heures trois quarts. — Mieux qu'hier et le moral un peu remonté. — Travaillé au Journal jusqu'à cinq heures. — Revenu chez G... — Descendu aux Tuileries, à la tombée du jour. — Belle fin de jour qui ressemblait à une aurore. — Dîné chez Copenet, tous les deux. — Allé au journal de l'*Instruction publique*. Pas trouvé R... — Revenu et promené longtemps, rêvassant et regardant sous les capotes blanches des promeneuses au clair de lune. — Un temps de printemps en clarté, mais d'un froid d'octobre. — Remonté au Boulevard. — Rentré. — Lu. — Puis couché après avoir répondu une longue lettre à un billet de G... reçu ce matin.

3 octobre.

Toujours debout à sept heures trois quarts. — Habillé de huit à neuf. — Sorti. — Le temps se soutenant toujours merveilleusement beau, pur, mais pénétrant. — Allé au Journal. — Travaillé jusqu'à cinq heures et demie, — excepté le temps d'être présenté à madame de Gr... Espagnole d'accent et même de langage en français, laide, mais expressive, et fort intelligente, à ce que je crois. — Monté en cabriolet et fait conduire chez moi, la soirée s'acérant des mille aiguilles d'un froid subtil. Pris un manteau. — Filé chez ces dames L. F... et G... Les ai surprises au dessert. Accepté le café. Causé musique et regardé des bijoux. — Revenu à pied avec G... Traversé le Palais-Royal, la lune *résillant* d'argent tous les objets. — Monté chez moi. — Lu des billets. — Un, entre autres, de la Marchesa, que je n'ai pas vue depuis des siècles et qui me rappelle que je l'aimais autrefois. Mais je ne suis pas changé pour elle. J'irai la voir demain. — Lu aussi une page de Montaigne. Allé souper au Café Anglais avec G... — Causé d'intimité et n'avons vu personne. — Fait deux tours de Boulevard à la sortie de l'Opéra. — Rentré. — Écrit des lettres. — Puis couché avec un peu de stupeur.

4 octobre.

Napoléon prenait et déposait à volonté le poids de ses pensées, magnifique faculté artificielle que je finirai aussi par me créer. — Aujourd'hui moins souffert que les jours précédents. — Levé à huit heures, empâté encore du souper d'hier soir que j'ai très bien digéré pourtant et sans cauchemar. — Sorti. — Payé mon graveur pour des cartes de visite. — Jeté un billet chez la Marchesa. — Allé au Journal. Travaillé et lu. — Sorti vers une heure. — Pris deux roses chez Ap... — Allé flâner chez la Marquise, qui a brisé le cou de mes roses en causant. Toujours la même, — beauté et esprit éternels. — Retourné au Journal jusqu'à cinq heures. — Revenu dîner chez Gaud. en tête-à-tête. — Reçu une lettre de ma belle-sœur. — Allé chez madame A... avec Gaud. qui m'a reconduit chez la Marchesa, où je suis resté jusqu'à onze heures. — Rentré et griffonné, mais las.

5 octobre.

Levé à huit heures. — Consulté l'histoire du *Congrès de Vienne* par Flassan. — Allé au Journal. Fait un premier-Paris, puis lu de l'histoire d'Angleterre jusqu'à cinq heures. — Revenu. — Le temps bas et couvert, mais d'un assez grand charme d'automne. — Dîné avec Gaud. chez Cop... Bu du madère à Corazza. — Allé au Théâtre-Français avec L. B... pour la reprise de *Mithridate, but* il y avait un monde effréné et j'ai laissé là se morfondre les badauds et je suis allé rejoindre G... chez madame A..., que je n'ai trouvés ni l'un ni l'autre. — Allé chez Ap... A voulu venir chez moi. — L'y ai conduite et puis l'ai ramenée chez elle. — Vais écrire un billet et me jeter au lit, car la tête me fait un mal affreux.

6. samedi.

A neuf heures habillé et sorti. — Le temps se soutient. — Allé au Journal. — Lu et travaillé jusqu'à cinq heures. — Lu l'*Histoire de la Société Française* par de Lourdoueix, mauvais ouvrage, mal pensé, mal écrit, et sans force dans le faux. — Revenu chez moi. — Fait allumer du feu et envoyé chercher à dîner. — En bonne disposition de travailler, mais je ne sais pas pourquoi depuis quelque temps (depuis la singulière *fin de...*) mes meilleures dispositions me tournent sur le cœur et s'y aigrissent. — D'ailleurs Maria est venue. — Puis G..., qui a été d'une gaîté pleine d'extravagances. — S'en sont allés. — Puis une longue note dans les *Mémoires de Fouché*. — Puis écrit des lettres assez avant dans la nuit. Une entre autres fort éloquente à ma mère sur une calomnie de ma tante. La jolie chose que les familles !

7. dimanche.

A neuf heures au Journal. — Y suis resté jusqu'à quatre heures, lisant le *lourd* Lourdoueix que je veux achever, malgré l'ennui mortel qu'il me cause, mais tout livre mérite d'être achevé quand on l'a ouvert. — Un temps sombre et d'un froid coupant. — Pris G... chez madame A... — Allé voir un logement qui ne me convient pas et que *par ainsi* je ne prendrai point. — Dîné avec G... chez Cop... — Allé chez madame de la Renaudie, geignant, plaignant, mais pâlie, aimable et *faisant la blessée*, ce qui pour

moi est une amabilité de plus. — Revenu
en voiture chez madame A... — Lourd, stupide, avec des frissons, et un estomac douloureux. — Rentré chez moi et je me jette
au lit, car je ne me sens pas bien.

8.

A neuf heures au Journal. — Travaillé
jusqu'à quatre, lisant et travaillant pour mon
propre compte quand j'ai eu fini pour celui
de cette feuille menteuse... menteuse du
moins pour moi ! — A quatre heures revenu.
— Ai trouvé un billet de G... qui m'invitait
à aller voir sa sœur ce soir, parce qu'elle va
s'absenter pour huit jours. — Malade, abattu,
sans entrain. — Devais dîner chez la Marquise. Mais j'ai reçu un billet de la *patte* de
son fils qui me dégage et me rend mon indépendance pour la soirée. — Dîné du bout
des dents chez Gaud. L'ai conduit chez sa
maîtresse, — puis descendu jusque chez Guérin en voiture. — Le temps superbe, mais
glacé, comme la Marquise !

Vu mademoiselle Eugénie de G... et voici
ma première impression. — N'est pas jolie
de traits et même pourrait passer pour
laide, si on peut l'être avec une physionomie

comme la sienne. Figure tuée par l'âme, —
yeux *tirés* par les combats intérieurs, — un
coup d'œil jeté de temps en temps au ciel
avec une aspiration infinie ; air et maigreur
de martyre, — lueur purifiée, mais ardente
encore, d'un brasier de passions éteintes seu·
lement parce qu'elles ne flambent plus. —
Ne ressemble point à ces femmes qui ont ou
se donnent l'air vulgaire d'une victime. Elle,
c'est plus beau, c'est un holocauste, — mais
tout, tout n'est pas consommé, et *le démon*,
comme parle cette pieuse et noble fille,
pourrait être encore le plus fort dans cette
âme si le démon se donnait la peine d'être
beau, fier, éloquent, passionné, car le *diable
de diable* trouverait là à qui parler !

Avec cette physionomie entièrement incon·
nue à Paris, elle a les manières simples, la
voix, l'accent, la phrase brisée, la politesse
relevée et pourtant familière de la femme
essentiellement *comme il faut,* qualités mo-
rales de la noblesse de sang et de race et
qui font se ressembler en tout point la femme
la plus répandue dans le monde le plus élégant et la pauvre fille qui n'a jamais quitté la
petite tourelle de son château de province ;
— propres aux mêmes choses toutes les deux,
et cela d'emblée et sans noviciat pour la dernière. — Donnez cent mille livres de rente

à mademoiselle de G..., *comme maîtresse de maison* : quelle différence y aura-t-il entre elle et la duchesse de Valombrose? Aucune, car toutes deux sont providentiellement écloses pour le même rôle social, et pas n'est besoin de ce rôle pour que ceci demeure prouvé. — Cette longue et belle main des Stuarts, idéale et proverbiale tout ensemble, se reconnaissait partout, et le prétendant en haillons et dans les bruyères de l'Écosse n'avait qu'à la tirer de son gant déchiré et la présenter à ses nobles : la main blanche ne pouvait pas tromper; un Stuart seul pouvait en montrer une pareille et l'on se ralliait à Charles-Édouard. — De même pour l'esprit, pour le caractère, pour les manières, pour toutes choses. — Que mademoiselle de G... fasse faire une robe chez Palmyre, et l'on jurera qu'elle n'a jamais quitté le faubourg Saint-Germain.

Sa voix n'a pas le plus léger accent et tranche par sa fraîcheur avec la fatigue et presque l'épuisement de toute sa personne. On est doucement étonné d'entendre cette voix suave et molle sortir de cette gorge maigre et ascète comme l'imagination en prête à Marie d'Égypte et aux saintes femmes du désert, dans la légende. Et cependant n'a pas du tout, avec cela, l'air béat et dévot, et même de dévotion touchante que ne manquerait pas d'avoir une *bourgeoise* qui aurait son âme. — La *patriciene* est encore plus forte que la *chrétienne*, et tout le ciel descendu dans le cœur d'une femme n'efface pas l'aristocratie puisée aux mamelles de sa mère et les traditions de son berceau !

Ai parlé en faisant effort sur moi-même, car je souffrais *molto* de la chaleur de l'appartement, — *crucior in hac flamma;* — pas d'éclat, pas de trait, pas de montant, — mais observant et laissant venir. — Cette petite Caro... affilait son œil de colombe en prunelle d'aigle pour voir ce que je pensais de sa belle-sœur. — Sorti vers onze heures, ayant soif d'air. — Revenu à pied sous un ciel pur et noir. — Rentré. — Écrit, et couché.

9.

Réveillé par mon ancien camarade d'École à Caen, Laur... — Le revois toujours avec plaisir. — Habillé, allé au Journal. — Travaillé comme d'usage jusqu'à quatre heures. — Revenu par le Boulevard et ai rencontré *Amata-Flava* avec sa nièce, grandie, amincie, pas jolie, un peu trop cramoisie, mais avec je ne sais quelle grâce de sourire hautain que je la trouve diablement heureuse d'avoir, vu l'indigence du reste. — Rentré. Fourré à lire sous les longs regards *remue-ménage* de ma voisine, revenue après trois mois d'absence et qui n'a pas maigri loin de moi, ce qui confond ma fatuité. — Lu du Fouché, un drôle, qui dit du mal de Fievée, le premier journaliste, le premier écrivain politique, la plume la plus fine, l'esprit le plus juste, l'observation la plus pénétrante et la plus rapide, l'administrateur le plus élevé et le plus pratique, un homme hors de ligne enfin et qu'il traite avec une insolence de police et une basse envie d'oratorien. — L... et Gaud... sont venus. Fait friser en causant avec eux. — Puis dîné chez Gaud... Parlé politique. Allés tous trois chez madame A... nous rôtir à son charbon de terre et dire des cynismes à plein vomissement. — Pris du café au Boulevard, L... et moi. — Promené longtemps dans le vent de la nuit qui sifflait d'importance dans le satin de mon manteau. — Rentré. Couché.

Que l'esprit de l'homme est étrange et que le hasard l'est, davantage encore !

Je viens de prendre un calendrier pour savoir le jour du mois et m'assurer des dates de ce *Memorandum*, et je trouve qu'aujourd'hui 10 octobre 1838 est le jour Sainte Pauline, — fête de... Quel souvenir embusqué partout et jusque dans la circonstance la plus indifférente et, à ce qui semble, la plus éloignée ! Tout me le rejette et rien en moi ne peut l'effacer. Non ! rien ! car j'ai cruellement, quoique silencieusement, souffert dans une autre affection, que je regardais comme la substance de ma vie, depuis que P... s'est éloignée, après avoir rompu avec moi, et la douleur toute fraîche et saignante n'a pas absorbé dans sa sensation le mal de la première blessure, hélas ! *envieillie* plutôt que fermée. — Ai repassé anneau par anneau toute une chaîne de pensées, lourdes et froides maintenant sur mon cœur. — Il y a dans cette liaison *expirée* quelque chose de mystérieux qui rappelle et me consacre à jamais la fin du *Corsaire*, dans Byron. — Elle est partie. Où est-elle? Reviendra-t-elle?

On ne sait. Indéchiffrable et puissante fille sans qu'elle s'en doute elle-même, et qui a ajouté aux charmes étranges et empoisonnés de son caractère doux et trop contenu celui d'une vie errante, misérable et inconnue!

Pensé à faire faire un bracelet pour mettre la boucle de ses cheveux qui me reste, — blonds et fins, courbés en croissant sous son doigt humide de ses lèvres; frêle faucille d'or à laquelle je me suis coupé.

Mais j'aime mieux secouer ces idées. Voyons donc! Qu'ai-je fait aujourd'hui? — Debout à huit heures après une nuit agitée. — Le temps étincelant et perlé. — Reçu B... qui revient d'Auvergne. — Reçu *Amata* et causé de choses intimes et tristes, notre ancienne vie et les différences. — Allé au Journal. Fait la besogne de rigueur. — Lu des documents *sur les Colonies,* large et belle question à traiter, puis de l'Espagnol. — Revenu chez moi. Rangé des paperasses. — G... et Gaud... sont venus. Causé rondement et de ces chiens d'Anglais que je déteste, moins pourtant que leurs insupportables moitiés. Ils ont tué Byron, les assassins! — Race hypocrite, gourmande et féroce! — G... parti, parlé avec Guérin de sa sœur. A dit de moi que j'étais un *beau palais dans lequel il y a un labyrinthe.* — Beau palais est là pour faire passer le labyrinthe, je m'imagine, mais peu importe, le mot est remarquable et me plaît. — Je suis fier de le voir appliqué à moi. — Il y a dans la flatterie d'une femme quelque chose qui séduirait les Dieux. On se sait *flatté*, mais, malgré la raison qui n'accepte pas la flatterie, on est enivré, charmé, ensorcelé de si peu que cela ! — G... s'en est allé à mon grand regret. — Allumé du feu. — L.... est venu me demander à dîner. Dîné tête-à-tête et longtemps. Parlé femmes. M'a raconté des aventures de province excellentes et donnant bien l'idée des mœurs de petite ville, — prodigieusement amusantes et ridicules. A Paris, nous sommes fort convenables et fort élégants, mais nous nous ennuyons à mourir. — L.... parti, griffonné jusqu'à cette heure qui est minuit, et je me couche, car j'ai encore un volume à finir. — Donc, bon soir !

11 octobre, quatre heures et demie.

Je rentre, et j'attends le coiffeur pour une première représentation, ce soir. — Le temps est beau et l'automne nous venge de l'été qui a été si pluvieux et si triste. — Il fait presque doux.

L... est venu ce matin, me faire ses adieux.
— Je suis allé au Journal. — Ai souffleté
avec un gant blanc le *Journal des Débats;*
c'est un gant blanc qu'il faut à présent jeter
au sale. — Lu et travaillé. — Parti à quatre
heures et rentré pour faire ma toilette. —
J'ai vu R... M'a proposé de travailler à la *Revue des Deux-Mondes*. Nous verrons.

Au soir, en rentrant.

Habillé. — Descendu chez Gaud... Allé
dîner chez Cop... et seul. — De là à Corazza. Puis aux Français. — Rencontré
E. du M... Ses derniers procédés m'ont tellement touché que je l'ai abordé le premier et
lui ai demandé son adresse. — Bon homme
au fond, malgré ses prétentions tracassières.
D'ailleurs, c'est une intelligence ; les hommes
ne doivent se toucher que par là. — Écouté
en ricanant *Richard Savage*, vieille rapsodie
déclamatoire. La salle assez pleine d'illustrations ; mademoiselle Mars en loge, toute
rayonnante des hommages de ce dandy de
génie, grand Chancelier de la Chancellerie Aulique, Clément, Wladislas, Lothaire,
Prince de Metternich, et qui est allé la voir

à Milan. —Je rentre et me couche. Il est minuit.

. . . .

. . . .

. . . .

24.

Treize jours en blanc, — mais toujours le
même branle d'ennuis, de souffrances, d'occupations, la *misma cosa ;* une diabolique vie
sans épisodes. Mais j'en mettrai dedans, de
gré ou de force, selon la sagesse du poète :
Amis, l'ennui nous tue et le sage l'évite!
— J'ai dîné dimanche chez madame de L.
— Décidément cette femme est prise et ar-
chi-prise, c'est-à-dire éprise. — Que n'a-
t-elle dix ans de moins ou cinq pouces d'é-
paisseur de plus sur toute la surface de son
corps mince et frêle enroulé si coquettement
dans le satin. — Mais en fait d'anges je
n'estime que ceux qui déjeunent vigoureusement à la fourchette et qui ont du marbre
plein leur corset. — Hier j'ai dîné au Café
du Périgord avec L. B... et j'y ai perdu le
rubis de ma chevalière, don d'une amitié
morte et d'une main morte. Moins heureux
que ce misérable coquin de Polycrate, je ne

. .

l'ai pas retrouvé dans le brochet que j'ai avalé aujourd'hui.

Aujourd'hui donc levé à sept heures et demie. — Écrit à *Amata* en lui envoyant des billets pour Valentino. — Écrit à G..., qui se moque de moi, mais d'un peu trop loin, car voici huit jours que sa fiancée me l'a escamoté. — Sorti en voiture grâce à la *piova* et allé au Journal. — Travaillé fièrement jusqu'à quatre heures et demie et fait un journal remarquable de pied en cap. — Revenu et la tête ferme comme acier. — Jeté une lettre à A. B... Allé chez la Marquise, qui m'a prié à dîner, mais ai refusé par caprice. — Cependant je suis resté là. MM. de B... et R... dînaient. La Marchesa radieuse de beauté sérieuse sous ses bandeaux dont elle a gâté la ligne courbe sévère et pure en les couronnant d'un bonnet rose, bon pour une jolie femme mais non pour celle à qui le bonnet basque de la Princesse de Beira irait mieux que les nœuds de satin à l'usage des Parisiennes. Digne de son nom de jeunesse, ce soir, la Marquise : la *sauvage du Dauphiné !* Les mains plus de marbre blanc que jamais, d'une sculpture hardie, puissante et splendide !

Sorti après avoir promis de dîner *to morrow*. — Allé manger des huîtres chez Cop...

— Remonté jusqu'au Boulevard et *posé* à Tortoni. — Je devais rentrer de bonne heure, car j'ai des livres à ranger et j'espérais travailler un peu, mais C. L. F... est venu me dire bonsoir à Tortoni et nous avons causé, moi faux, câlin et réservé, et le poussant à des renseignements qu'il m'a donnés et qu'il complètera un de ces jours. — Je veux le dévaliser de tout ce qu'il sait. — Rentré. — Trouvé une lettre de G... qui m'invite à dîner pour demain. J'ai donc écrit à la Marchesa pour me dégager. — Griffonné diverses choses et vais me coucher et lire jusqu'au sommeil.

25 octobre. Jeudi.

Habillé à huit heures et demie. — Allé au Journal, travaillé là jusqu'à quatre heures. Lu quatre-vingts pages des lourds et personnels *Mémoires de Cordova*, cherchant des documents pour ma brochure sur l'Espagne. — Revenu. — Trouvé G... et Gaud... — Causé.

. . . .

6 novembre 1838.

Encore des interruptions. — Elles pleuvent maintenant. Et pourquoi ? Ai-je une femme aimée chez qui j'aille m'énerver et tuer mon ennui tous les soirs ? — Non. De ce côté, depuis quelque temps, je mène une vie aussi austère que celle de l'illustre Pitt, et comme lui je ne me venge pas de toute cette sagesse en me rejetant aux boissons enivrantes. — Je ne m'enivre plus que de mes pensées, ivresse amère ! — Et pour faire diversion à ce qu'elles ont de plus cruel, je me suis rejeté au travail.

Reprenons donc la vie de chaque jour à travers le mépris qu'elle soulève. — Voyons ! — Aujourd'hui levé à huit heures. — Le tailleur est venu. Essayé des vêtements. — Sorti et au Journal. — Le temps à la pluie et à la tristesse. Comment Marie Stuart pouvait-elle chanter : *Adieu, ô beau pays de France !*

Lu les journaux. — Articlé sur ces misérables flibustiers d'Anglais. — Puis empilé des documents pour ma brochure sur l'Espagne. — A quatre heures et demie filé ! — Allé chez Ap... absente. — Revenu. — Une lettre de la Marchesa, mais j'avais calculé ma journée sur ce qu'elle m'a dit hier et je ne suis pas assez flexible pour me soumettre à ses caprices. — Allé au bain. — Y suis resté, l'eau brûlante, une heure et demie, lisant les *Mémoires de Fouché*. — Revenu et dîné au coin du feu. — Fini les *Mémoires de Fouché*, habile homme d'état, sans personnalité, sans chaleur de sang, — grandeur lymphatique et pâle, homme de marbre bien plutôt que cet Italien incestueux, colère, vindicatif, superstitieux, tout en instincts, et que les poètes ont peint de travers dans leurs poésies menteuses en le donnant pour un *Dieu d'airain*. — Les poètes ont faussé l'histoire de Bonaparte pour bien longtemps, les imaginations badaudes (les poètes dédoublés) répétaillent en s'émouvant les grandes phrases. Et puis croyez aux réputations!

Écrit un billet à Ap... Rangé des livres. — Lu la *Femme mise à la raison* de Shakespeare, et comme mon feu s'est éteint, vais me jeter au lit pour lire encore.

7 novembre.

Je rentre lassé, quoiqu'il ne soit pas tard cependant pour un oiseau de nuit de mon espèce, — pâle phalène à la taille svelte. — Ce matin cacheté un billet à la Marchesa, au saut du lit. — Au Journal à dix heures. — Lu les journaux. Refondu un article. — Toujours à la chasse aux documents sur la question espagnole, lu dans le texte la brochure de M. de Campuzano, — radicale en diable! — Causé. Parcouru les journaux italiens. Galimatias métaphorique sans bon sens et sans indépendance. — Sorti. — Le temps humide et gris, mais pas trop désagréable pourtant. — Vu Renée. — Nous dînons ensemble demain. — Allé sept minutes chez la Marchesa où était Roger de Beauvoir. L'ai trop peu vu pour le juger, mais il pèse ses feuilletons et ses livres probablement; crème qui n'est pas même toujours fouettée. — Revenu. Fait boucler les cheveux. — Allé dîner chez Cop... — Ennuyé au plus profond de mon être. — Allé chez du Méril, mais n'ai jamais pu découvrir son numéro. — Revenu flâner au foyer du Théâtre-Français, où j'avais à causer avec Aristide Boissière dans l'entre-deux des pièces. N'ai vu que ce fou de Saint-Cricq qui déblatérait mille injures contre cette pauvre Rachel, le tout parce qu'il n'avait pu trouver de place. — Passé au Boulevard, mais n'ai vu personne. — Rentré. — Écrit à du M... pour lui dire de m'envoyer son numéro. — Griffonné ceci et vais lire Shakespeare dans mon lit.

N. B. Demander le *Bacon* de de Maistre.

. . . .

10. samedi.

Encore *un bond* de deux jours ! — Passé depuis neuf heures jusqu'à quatre à travailler au Journal. Vie monotone ! — *Articlé* sur l'archevèque de Cologne et les mariages mixtes ; question que je sais bien comme tout ce qui tient à l'église et qu'ignorent nos petits journalistes de Paris. — Revenu par chez la Marchesa, que j'ai trouvée presque tendre d'amabilité ; a du charme quand elle veut, mais si mobile ! — Rentré m'habiller. — Dîné vastement au Café Riche. — Sauvé en voiture chez G... d'où je sors. Il est minuit et demi et je me couche. — Assez causé, mais avec le mal de tête d'Elmire, — *étrange à concevoir !*

11. dimanche.

Levé à huit heures, — la pluie tombe à flots d'un ciel de papier gris. — Reçu deux lettres. L'une de Gaud..., qui ne pourra pas se trouver probablement au mariage de G... Caramba ! — L'autre de du M..., qui m'envoie son adresse. — Allé au Journal. — Travaillé. — Lu journaux et Revues dans un marasme intellectuel que cette pâteuse lecture n'a pas su guérir. — Sorti à cinq heures, l'eau ruisselant. — Allé taquiner madame A..., que j'ai mise réellement en colère, — une bonne œuvre ! — De là chez Ap..., où j'ai dîné en tête-à-tête, — abîmé d'ennui ! — Rentré chez moi. — Répondu un mellifluent billet à madame de F... qui m'invitait à *théifier* pour ce soir, mais de ce temps ne sortirais pas pour la plus belle créature femelle, les seuls êtres pourtant qui fassent faire ce qu'on ne veut pas. — Point travaillé, mais couché.

12 novembre.

Levé, habillé et coiffé à neuf heures. — Reçu une lettre de L..., dont le romanesque caprice n'est pas passé, mais qui du moins m'a obéi. — Allé au Journal. Travaillé jusqu'à quatre heures. — Cousin le philosophe a remarqué mon article sur l'archevêque de Cologne. Le temps triste quoique moins pluvieux qu'hier. — Revenu par chez la Marquise. Avait du monde. Entre autres personnes, une jeune *femme*, mais encore *fille*, à cause de l'avarice de son père, mademoiselle de M..., parti splendide, une grande taille et des joues jonchées de roses. — La Marquise d'une familiarité aussi charmante qu'hier. — L'ai quittée pour aller au bain. Resté une heure dans l'eau brûlante à lire les *Gentilshommes de Vérone* et le *Roi Lear*. Sorti de là souple, nerveux et léger. Dîné chez moi et avec un appétit gigantesque. — Reçu un billet de G..., fort en humeur contre sa fiancée, oiseau capricieux comme toutes celles de l'espèce. — Ai répondu. — Payé des notes. — Travaillé. — Il est tard. — Griffonné ceci *de couché*, et j'éteins mes bougies. Bonne nuit !

13.

Le temps bleu et clair, avec une vapeur grise vers le soir. — Levé bien portant. — A neuf heures au Journal. Travaillé jusqu'à trois heures. — A trois heures allé chez Ap... prendre une fleur. De là parti en cabriolet pour Stanislas. Passé une heure chez le P. Bucquet auquel j'ai rendu l'argent qu'il m'avait prêté. Embarras de moins. — De là chez G... — Sommes allés dîner ensemble chez Véfour. Causé intimement. Lui ai tracé tout un plan de conduite pour les commencements de son mariage et il paraît résolu à le suivre. — Allés à Valentino. — Enivrés de musique. — Promenés une demi-heure au Boulevard, ressassant notre vieux sac de poésie. — Rentrés de part et d'autre, — et moi, lu et couché.

14.

Aujourd'hui interrompu mes chiennes d'occupations de journaliste pour être le témoin indispensable de Guérin, marié légalement et qui doit recevoir la bénédiction religieuse demain. — Maria est venue. Habillé, — en demi toilette. — Monté en voiture, — conduit chez G... Signé le contrat de mariage, — puis à la mairie, — puis revenu. — Allé passer une heure et demie chez la Marquise. — De là au Journal, prendre l'air du bureau. — Dîné par occasion chez madame A... avec une danseuse de l'Opéra, bête dans ce qu'elle a de beau comme dans tout le reste ; une vulgaire fille, mais puissante sur les *passions d'en bas*. — Pas resté. — Allé chez madame de L. R... Une soirée assez douce, passée à débiter des tendresses et à manger du sucre de cerise, occupation virile et spirituelle ! — Revenu vers minuit et couché.

15 novembre 1838.

Je rentre à une heure et demie du matin. — Guérin est marié. — Ai passé mon temps dans les fêtes religieuses et profanes de cette grande journée. — Ai *marchaillé* quatre contredanses, ce qui ne m'était pas arrivé depuis des années. — Le soir, ai manqué madame P... qui devait venir à ce bal, — par conséquent *vexed and disapointed*. — Ne suis pas convenu de ce que je pensais diablement pourtant, que madame H... était presque belle ce soir, dans sa robe noire, avec ses purs et longs sourcils et son dos d'albâtre. — La femme de Guérin remarquablement jolie, l'air *comme il faut* et naturelle, en plus, comme on ne l'est pas à Paris. — Le vin de Madère était excellemment bon. — Bon soir !

16 — au soir.

Assez bien dormi, malgré les excès de la

veille (excès du moins pour moi qui affecte la sobriété depuis quelque temps). — Habillé, mais pas au Journal avant onze heures. — Remis au courant et *articlé* sur la Belgique. — A quatre heures et demie parti. — Allé causer chez G... revenu d'hier de Normandie. — Dîné tête-à-tête. — Allés ensemble, par un temps de pluie propre à engendrer tous les *spleens* de la terre, chez madame A... Roulé sur le canapé à dire des riens. — Revenu chez moi à dix heures, résolu de me coucher sans travailler à cause de je ne sais trop quelle enragée inflammation de l'œil droit qui, par parenthèse, commençait hier à crucifier *ma coquetterie*, — ce mot que je répète tant, dit mademoiselle de G., parce que probablement j'ai la chose. — Pensé à ce mariage et aussi à madame H... Mais pourquoi ces pensées ? Bonsoir !

Samedy 17.

Un temps de brouillard, résolu en pluie vers le soir. — Levé à huit heures. — Fait diverses choses. — A neuf heures au Journal. — Travaillé jusqu'à quatre heures et demie. — En sortant, remarqué cette femme qui ressemble à P... mais P... brunie, colorée, plus vivante, passionnée, ardente, ni si blanche, ni si blonde, ni si froide. — Je veux voir ce qu'il y a en cette femme, dont le regard est chargé de tant de choses quand il rencontre le mien. — Reçu deux billets. — Dîné chez moi. — Allé chez G... et descendu avec lui jusqu'au Palais-Royal. — Pris un cabriolet. — Allé faire une visite à madame de F. — Ennuyé prodigieusement et d'une nonchalance de conversation incroyable. — Fait jeter au concert Valentino. Salle vide et sonore, quelques hommes, mais pas une robe bien faite. — Ramené chez moi par une pluie fine et dense. — Essayé de lire, mais la tête lourde et par conséquent couché.

18.

La pluie continue toujours. — Ce matin pris un bain de pied. — Habillé et allé au Journal en voiture. — Lu et écrit, enfin travaillé jusqu'à quatre heures. Achevé la brochure de M. Duvergier de Hauranne, très remarquable. Froide et même lourde, dans l'ensemble, quoique relevée de quelques réticences assez spirituelles, — d'une logique exercée, — enfin accusant les qualités et les défauts de ces doctrinaires qui sont comme

les Jansénistes politiques de notre âge. —
Allé chez la Marchesa, en train de gaîté et
qui m'a prié à dîner pour demain. — Revenu
chez moi où je n'ai trouvé ni lettre ni billet.
— G... est si perdu dans le gouffre de son
bonheur conjugal qu'il ne m'a pas encore
donné signe de vie. — Allé au bain, dans
lequel je suis resté une heure et demie, lisant
Fievée (ses *Lettres sur l'Angleterre*, 1802).
Ouvrage moins spirituel que tous ceux du
même auteur, en arrière de ce qu'on sait à
présent sur les Anglais. — Bref, un livre dé-
bordé. Mais deux choses que j'estime en Fievée, c'est sa haine très philosophique pour
les Encyclopédistes et son appréciation de
ces institutions Anglaises que nous avons si
piteusement *singées* sur la foi *punique* de
Montesquieu. — Revenu, et dîné au coin de
mon feu. — Lu l'examen de Bacon par M.
de Maistre avec une ivresse d'intelligence
que je puise toujours dans les matières de
philosophie, celles qui m'entraînent toujours
avec le plus de force de toutes les *séduc-
tions de l'esprit.* — Prolongé la veille en buvant de l'eau de Cologne et du sucre, — écrit
ceci, et jeté au lit.

19.

La pluie à torrents. — Levé à huit heures, les nerfs douloureux, la tête pesante, après une nuit d'un sommeil fiévreux et tourmenté. — Habillé. — Au Journal. — Travaillé jusqu'à quatre heures. — Lu un article de M. de Carné sur l'Angleterre avant la Réforme, — fort, mais souvent faux. — Revenu chez moi par une pluie battante, l'âme triste et le corps souffrant. — Fait, malgré tout, un bout de toilette. Puis allé dîner chez la Marchesa, que j'ai trouvée d'une humeur massacrante et qu'elle m'a fait presque partager en m'annonçant que la vicomtesse de Saint-M... dînait avec nous. — Causé de Pitt avec M. de B... Organisation aventureuse, chevaleresque, — soldat qui ne se doute pas qu'il est poétique, ce B... Dit qu'il aimerait mieux être le *Corsaire Rouge* que tous les grands hommes vivants de l'époque. — Moi j'aimerais mieux être M. de Metternich. C'est qu'il y a sous le jeu de l'intelligence la plus froide en apparence une profondeur de poésie qui échappe à ceux qui ne voient la poésie que dans les passions. — Pas en train. Et pour taquiner la Marchesa, sorti de bonne heure.

— Revenu chez moi finir les *Lettres* de Fievée sur l'Angleterre. — Puis écrit ceci dans
mon lit, en proie à des pensées plus sombres
que la nuit qu'il fait au dehors. — L'ennui
me reprend dans sa griffe et me dévore par
les souvenirs.

20. Mardi.

Une nuit agitée et cruelle. — Est-ce donc
que je serais obligé de reprendre de l'opium
et de la belladone comme l'année dernière
à pareille époque pour me procurer un peu
de sommeil ? — Levé à huit heures. — Lu
et écrit un billet. — Allé chez G... un instant, puis au Journal. Travaillé jusqu'à quatre heures. — Revenu, et comme le froid
était vif, transpercé. — Fait coiffer. — Allé
chez G... où j'ai dîné. — Il paraît que demain nous expédions un cerf en l'honneur du
mariage de G... Singulière coïncidence ! —
Allés, G... et moi, chez madame A..., mais la
péronnelle était absente ! — Filé au Concert
Valentino. N'ai pas perdu ma soirée, car j'y
ai entendu le *Chalet* d'Adam. Une musique
ravissante, pastorale et militaire tout ensemble. Vraie musique de génie naïf et spontané, furia et amabilité françaises. — Puis j'y

ai vu une femme qui ressemblait au profil de Lord Byron rèveur, belle comme lui, mais plus dédaigneuse, et de teintes plus chaudes sous la peau. Superbe et indomptable créature ! Je donnerais un monde pour que ces prunelles d'acier bruni s'attendrissent en me regardant. — Remonté seul au Boulevard. — Le vent est glacé. — Causé avec Cecilia Metella, qui m'a parlé avec affection vraie et sérieuse de G... — Rentré. — Écrit ceci, mieux portant que ce matin et dans une disposition morale moins amère. — Griffonné un billet à madame de F... pour m'excuser de ne pouvoir aller chez elle demain. — Puis couché et mis à lire ce spirituel pamphlet orangiste, *le dernier des Protocoles.*

21.

. . . .

22, au soir.

Hier, n'eus pas le courage de noter ma journée. Nous dînâmes *en garçons* chez G... où l'on but fermement et où notre amphitryon finit par les folies d'usage. — *Il marito* Guérin se retira de bonne heure. — Tous gais, moi seul inébranlé quoique j'aie recommencé à boire après six mois de régime sévèrement gardé — Allâmes finir la soirée, F. de la R... et moi, chez la maîtresse de G... En sortant de là, couché.

Passablement dormi et levé la tête nette et sans ressentiment d'estomac. — Lu et puis habillé. — Allé au Journal. Impatienté du pitoyable caractère de cet enfant *à tranchées* L. B... Fait un article et sorti. — Un ciel profond, d'un bleu de roi superbe, avec un soleil jaune sur les toits et un air piquant et sonore. Les femmes *rosées* au contact de cet air subtil en faisant *gros dos* dans leurs fourrures en vraies chattes frileuses. — Allé flâner chez Ap... qui a pris enfin une assez belle créature pour aide de camp. Trente ans, un teint blanc mat, mais avec la plus belle faculté de rougir jusque dans le cœur des épaules, cheveux noirs tordus à la Niobé, corsage puissant, croupe de la callipige antique, et je ne sais quelle liberté enivrante et formidable circulant au milieu de tout cela et sollicitant. — Retourné au Journal. — Puis chez G... — Dîné à peine tout en me faisant coiffer. — Puis allé chez madame de L. R... pâle et gracieuse, mais contrariée par la présence de son mari, qui m'a fait faire un chemin du diable dans la science. — Monté au

Boulevard, — mais désert. — Rentré, et *to bed*.

23.

Éveillé à huit heures, la tête douloureuse. — Payé une note. — Habillé. — Le temps cruellement froid, par conséquent embossé dans ma grande mante espagnole. — Allé au Journal ; travaillé *ferme*. Écrit avec une rapidité foudroyante un long article de polémique. — *Guerra ! Guerra !* — Allé ce soir chez Ap... Aussi content de son *adjutorium* féminin qu'hier. Mon coup d'œil ne m'a pas trompé, — belle et plantureuse. — Revenu. — Dîné en écrivant ceci et vais, à mon dam, chez madame de F...

En rentrant. Onze heures.

Allé chez madame de F... L'ai trouvée seule. — Causé intimement. — Femme singulière ! D'une audace de pensée à épouvanter, et faible et superstitieuse comme une grande et niaise fille allemande. — C'est une superstition qui l'a empêchée de tuer par le poison M... Et puis qu'on dise que les poètes sont inutiles ! Ses impressions d'enfance, qui ont été terribles, dit-elle, quand elle vit jouer l'*Hamlet* et le *Macbeth* de Shakespeare, les premières fois, lui ont donné pour la vie d'invincibles terreurs que sa raison ne peut dominer et qui l'ont préservée d'un crime. — Et puis faites des catéchismes de morale et des *Introductions à la vie dévote* pour ces êtres nerveux, passionnés, irrationnels, qu'on appelle les femmes, qui, de toutes les formes du raisonnement ne connaissent que l'*exemple*, et rien de plus. — Revenu de bonne heure pour ces yeux étranges et ce *sommet de joues* si expressif qui me rappellent P..., mais plus brûlantes, plus incendiées, — l'esclavage des ressemblances est si puissant ! — Oh ! j'aurai le cœur net de cette femme, et, d'ailleurs, ce me sera une aventure, peut-être un intérêt ; il y a trop longtemps que je vis seul. Enfin le sort en est jeté ! Dieu sait le reste.

Rôdaillé au Boulevard en pensant à G... qui *sirote* sa femme et sa coupe de miel comme un vin exquis et parfumé, et qui, en abjurant ses vieilles amitiés et sa vie de garçon, répète avec les compagnons d'Ulysse :

> . . . . . *Exemplum ut Talpa.*
> Je ne veux point changer d'état ! —

Rentré. — Trouvé un billet : en *robe mon-*

tante, de la vicomtesse du Saint M... et ses deux volumes de Nouvelles. — Me prie d'en rendre compte et d'en dire le bien, non qu'ils méritent, mais qu'elle désire. — Tout cela dépendra de la digestion, du moment, et de mille autres influences qui souffrent et font tourner ce majestueux esprit et cette immuable conscience dont les marionnettes humaines sont si fières ! — Cassé une glace, — griffonné ceci, et comme je subis l'effet nerveux des ablutions de thé que j'ai faites avec madame de F... vais lire une partie de la nuit. Voyons !

24, samedy.

Levé toujours à huit heures. — Allé au Journal et travaillé là jusqu'à quatre heures. — Ma vie devient d'une monotonie qui fait trembler. — Lu ces amusants commérages diplomatiques (*le dernier des Protocoles*) écrits par le Génie de l'Ironie en personne. Qui donc a acéré ces malices ? — Allé causer chez G..., ce qui m'a fait perdre une visite de Guérin à mon grand regret. — Dîné seul et vite et chez moi. — Écrit un billet à G... puis descendu voir jouer l'*Amphitryon*, — chef-d'œuvre écrasant pour les acteurs, qui ne se doutent pas même de ce qu'ils disent. — Allé faire un tour au foyer, mais en fait de *beautés* humaines que j'y cherchais n'y ai vu que la blanche et maigre figure de marbre du grand homme que je venais d'entendre et qui semblait se pencher du haut de son piédestal pour regarder dans tous les cœurs, avec un sourire mélancolique. — Sorti. — Allé chez la Marquise absente, — puis lu, — puis couché.

Dimanche, 25.

Levé à neuf heures. — Le temps a toute l'âpreté des jours d'hiver. — Allé au Journal. Rien de neuf. Les Revues vaines et inanes. — Griffonnaillé jusqu'à quatre heures. — Revenu chez moi; le ciel pourpre au couchant avec une vapeur bleue au-dessous. Un froid flagellant. — Habillé au coin du feu. — Dîné chez Ap... qui a pris une *fille suivante* découplée, grande, vigoureuse, un sein qui se moque du corset, une fermeté de formes hardies et jeunes, avec une fraîcheur écarlate sur la matidité de l'ivoire, des yeux bleus et d'un bleu si profond qu'ils semblent noirs, et des cheveux noirs avec des reflets bleus. Un type de beauté comme il est rare d'en voir chez les filles du peuple! Jolie, souple, alliciante comme un conte de Boccace. Dans notre damné pays où les races sont si corrompues et si mélangées à un certain niveau social, il est rare de voir quelque chose d'aussi purement et hardiment beau que cette jeune fille d'un si grand éclat et d'une si grande force de santé et de jeunesse. — Ne me rappelle avoir vu rien de pareil qu'à Blois, une servante d'auberge, genre de beauté plébéienne, comme la danseuse de Winterhalter. — Allé chez madame A... Dit des folies en regardant un chat et en le roulant sur le tapis. — Revenu. — Couché. — Essayé de lire le *Bacon* de de Maistre, mais la tête lourde. — Il faut que je revienne au café.

26.

Levé à neuf heures, bien portant et les nerfs remontés. — Allé au Journal. — Lu et travaillé jusqu'à quatre heures. — Fini le *Dernier des Protocoles*. Aussi content de la fin que du commencement. Pauvre peuple que les Belges! Bien jugés, eux et leurs misérables chefs. — Revenu chez moi. — Commencé les fadasses *Nouvelles* de madame de Saint-M... tout en me faisant coiffer. Com-

ment avaler toutes ces meringues sans va-
nille? Mais il le faut, sous peine d'impoli-
tesse. — Dîné chez Gaudin. Puis allé de là
chez sa maîtresse. — Pris un gros bouquet
de violettes chez Ap... que voici expirantes
dans ma *coupe humaine et funèbre,* — bleues
comme les yeux de cette grosse et belle fille
qui en a *lié* les tiges réunies, — rondes
comme ses joues de grenade entr'ouverte.
— Écrit un billet à Guérin. — Couché. — Lu
du *Bacon* et quelque peu d'italien.

27.

Levé à huit heures. — Habillé. — Cacheté
un billet et sorti. — Le temps sombre, bas
et froid. — Allé au Journal. — Travaillé à
un article que j'ai manqué et refait à grand'-
peine. Je manque de clarté, disent-ils; c'est
ce que je dois à mes habitudes philosophi-
ques de pensée et de style. — Est-ce vrai,
cela? — Être clair est si souvent être commun! Toujours est-il que je leur fais l'effet,
à tort ou à raison, d'être les *ténèbres elles-
mêmes,* — ravissante et *sociale* disposition
de l'esprit! — Les nuages croulent en pluie.
— Revenu chez moi sous ces ruines de neige
fondue, et regardé en passant, à travers les

raies de la glaciale averse, cet oiseau moqueur
de ressemblance, la Pauline bronzée qui
semble être la Pauline d'ouate satinée et al-
batréenne que j'ai connue, mais cuivrée par
le soleil et par la foudre. — M'a montré ses
dents étincelantes avec un long regard de
côté tout en causant avec les femmes de son
magasin. — Rentré, fait du feu, et prends la
résolution de ne plus sortir. — Envoyé chercher à dîner.

Au soir.

Dîné. — Lu un in-octavo tout entier (quatre cent cinquante pages) avec cette frémis-
sante verve de lecture qui me prend parfois,
— puis tombé de mon livre dans les plus
sombres et les plus décourageantes pensées.
— Un véritable accès d'hypocondrie. —
Atrocement souffert, regrettant de n'avoir
pas d'opium sous la main, car j'en aurais
pris. — Lutté longtemps contre moi-même,
mais en vain, et, ne pouvant régler et maî-
triser mon attention, me suis couché l'âme
misérable. — Lu de l'italien quelque temps,
— puis éteint ma bougie, appelant le sommeil.

28, au soir, en rentrant.

La nuit digne de la soirée d'hier soir, — des songes affreux et fous, avec des réveils heurtés et douloureux. — Levé fatigué à huit heures. — Habillé. Coiffé. Allé au Journal. — Le temps à la pluie et la lumière glauque et triste. — Travaillé jusqu'à quatre heures. — Lu du *National* de 1830 jusqu'à six heures. Fait sans profondeur politique, et, comme tant de choses, ne valant pas sa réputation. — Dîné avec La Bi... Rue Montorgueil. Le dîner bon. — Le mauvais temps nous a chassés au Théâtre-Français, où l'on jouait cet ennuyeux *Tyran domestique,* qui en serait un bien grand, il est vrai, s'il fallait l'écouter. — La salle vide. — Mademoiselle Noblet était en loge, aussi jolie et piquante en chapeau de velours noir qu'elle était l'autre jour commune et presque laide, tête nue et les épaules au vent, à la Renaissance. — Immensément ennuyé et parti avant la fin. — Je rentre. — Écrit ceci et me fourre à lire jusqu'au sommeil! Bonsoir.

29, au soir.

Passé une partie de ma nuit à lire le Bacon, — dure, cruelle, et impitoyable critique, vraie comme la Justice de Dieu. Ce de Maistre est un admirable cerveau! — Toujours plus content de cette lecture et avec plus de raisons que jamais d'estimer la trempe de ce mâle esprit. — La Philosophie m'a porté bonheur. Elle m'a comme apporté le sommeil pur et calme de la sagesse. — Bien dormi. — Éveillé et levé à huit heures. Il ne pleut plus, mais le vent souffle comme un beau diable et sans doute fait la guerre à quelque manteau. — Habillé. Allé au Journal. *Pioché* comme à l'ordinaire et sorti à la nuit tombante. — Recueilli en sortant ce regard noir embusqué si bien à mon passage, coup de carabine au milieu du cœur. Cette femme est encore plus occupée de moi que moi d'elle. Quand donc viendra le moment d'agir ? — L'autre jour, j'avais fourré un insidieux billet pour elle dans mon *porte-visite.* — Il dormait là du sommeil de l'innocence dans son berceau de moire couleur de rose en attendant le moment où il s'éveillerait pour le crime, la trahison et l'adultère, mais la Marchesa l'y surprit et le brûla après commentaires, et brocha sur le texte mille moqueries aigres comme verjus. — Revenu chez moi où G... est venu et a laissé un billet. Allé dîner chez Gaudin. Puis descendu ensemble chez Al... — La lune et le ciel d'une clarté perçante, avec un air coupant et plein de tristes résonances. — Revenu chez moi. — Fait allumer du feu. — Commencé le feuilleton sur *Ruy Blas,* car ils me tourmentent pour le faire, et je le ferai, mais toute cette littérature m'ennuie! De quoi donc prendre souci avant de vieillir? — Hélas! voilà les idées sombres qui arrivent. — Écrit un billet à G... Puis ceci. — Tordu mon châle rouge à la tête. Quelle *crucifixion* que l'isolement! C'est mon mal éternel et acharné. C'est une sensation à ne plus noter, tant elle m'est ordinaire! — Je me couche; il est fort tard.

3o, au soir

La nuit assez calme. — Levé à huit heures. — Le ciel s'est *essuyé,* et le temps est presque beau. Allé au Journal. Fait un troisième article sur la coalition, encore meilleur que les deux premiers, — écrit avec la *palpi-*

tation nerveuse qui m'avertit toujours quand je fais bien. En somme, une solide estocade portée avec l'impudence qui convient. L'Impudence est le Génie du journalisme ; voilà pourquoi, à part le système, le talent d'exposition, la dialectique, ils sont si forts à la *Gazette* : ils ont le sang-froid et l'invulnérabilité de l'impudence, l'impénitence finale dans le sophisme, dans tous les torts d'esprit et de doctrine, qui mène plus loin les hommes, aux yeux des hommes, que d'avoir, en passant, raison. — Sorti de bonne heure. — Le ciel d'un bleu lavé d'orange, le vent froid mais sans dureté. — En somme, un temps d'hiver *gai* et *fin*. — Entré chez Ap... — Flâné un instant et appris que sa fille de comptoir l'avait quittée. Tant pis ! les belles femmes vont avec les belles fleurs. Mais il nous reste la *plébéienne* qu'eût aimée Joconde et que La Fontaine aurait peinte, — pêche savoureuse qui fait venir l'eau à la bouche ! — Revenu chez moi. — Ai trouvé Maria. Causé chiffons, — fait allumer du feu, — dîné, après avoir attendu G... qui m'a écrit et qui va, ce soir, au concert avec sa sœur. M'invite, comme il dit avec son charme habituel, à aller les trouver sous les *lueurs* et *dans l'harmonie*, mais je ne puis ; je suis écrasé de travail et mon esprit réclame une nourriture que je ne peux plus, grâce à mes occupations actuelles, lui donner aussi bien qu'autrefois. — Dîné seul, et peu mangé afin d'éviter la congestion cérébrale. — Lu la moitié du second volume de de Maistre sur Bacon. J'ai une jouissance inexprimable à lire cet homme; ce sont des frémissements de plaisir que j'éprouve quand je me plonge dans l'eau vive des abstractions au sein desquelles son merveilleux esprit ne l'abandonne jamais. Son livre est un bûcher immortel pour cet hérétique Bacon, qui échappa si bien aux bûchers de son temps, et dont la réputation scandaleuse réduite en cendres est jetée au vent avec un mépris d'éloquence et une verve d'ironie indignée incomparables ! — Fait et avalé de la limonade. — Travaillé au feuilleton de *Ruy Blas*, auquel je veux le style de la chose, viril, substantiel, avec deux ou trois grandes images ressortant par-ci par-là de la force même des idées. — Oh! écrire, écrire, qui m'apprendra cela ? — Certes ! les sculpteurs ont moins de mal à tailler leur marbre que nous à manier ces durs blocs de la langue et de la pensée ! — Écrivaillé deux grandes heures. — Les yeux lassés, ouvert ma fenêtre, — regardé le ciel, bleu pâle avec une lune qui doit faire de beaux *éventails d'argent* sur les mers vertes de mon pays !

11.

— Pensé à la mer, puis à... Singulière chose que la rapidité de la pensée, que ces gammes infinies de souvenirs dont on ne mesure l'étendue que quand on les a montées et redescendues ! — Le temps est magnifique, l'*air* seulement *frais,* le firmament profond, pur et *inestellé,* — seulement des nuages légers et dorés passent sur la lune comme des flèches rapides. — Fermé ma fenêtre. — Mis mon châle autour de ma tête et griffonné ceci. — Si j'avais quelqu'un avec qui causer, je ne me coucherais pas, mais la solitude ! la solitude est encore pire à cette heure que jamais, quand les organes ne peuvent plus s'appliquer au travail et que la tête cède à la fatigue. — Alors des souvenirs vous reviennent, vampires doux et cruels qui sucent tout ce qui reste de sang dans le cœur. — La nuit a une fécondité terrible. Ne sont-ce pas les Anciens qui disaient que l'Amour nud, aveugle et sagittaire, était sorti d'un œuf couvé par la Nuit ? O mon Dieu ! que c'est effrayant, vrai et beau !

. . . .

Samedi, 1er décembre.

Levé à neuf heures, — l'esprit applicable
et le corps sain. — Reçu une singulière
missive de... qui me redemande ses lettres,
fin vulgaire de toutes les liaisons, même les
plus exaltées et les plus poétiques. Ce détail m'a blessé comme on blesse l'orgueil,
avec sécheresse. — Je renverrai le paquet
avec une adresse à *l'œil droit sur la flèche.*
Les yeux, en effet, pour une femme, sont
plus sensibles que le cœur. — Mais je gar-
derai quelques lettres, car l'amour qui fut
de la colombe n'exclut pas la prudence du
serpent, et il faut que vous me respectiez,
madame, dans la vie et au bal masqué, si
j'ai jamais l'honneur de vous y offrir des
sorbets aux liqueurs des Iles. — Allé au
Journal. Fait le *premier Paris.* Resté à travailler jusqu'à quatre heures. — Revenu
chez moi. — Habillé. — Dîné chez Gaudin,
mais en courant. — Allé au Théâtre-Français, où l'on jouait *la Popularité,* — première
représentation. Un monde assez brillant. La
reine, la princesse Hélène et les Essler; le
haut et le bas social. Quelques jolies femmes,
entre autres mademoiselle Dose, un mois de

mai dans une robe rose, bordée d'un cygne blanc léger comme un nuage ; — ses épaules sont lumineuses et ses cheveux *feuille morte*, — beauté dangereuse comme la peste, quand on n'a pas bu le *vinaigre* des passions trompées. — La pièce correctement ennuyeuse, idées communes, mal de tête au bout. — Resté près de la statue de Voltaire à voir les femmes coqueter en descendant l'escalier encapuchonnées dans leurs burnous, joli spectacle, plus joli que la pièce, dans laquelle, par parenthèse, mademoiselle Mars, à un mot près, a été détestable. Sa voix s'altère, il ne lui reste que de magnifiques diamants et des perles plus belles encore, qu'elle a étalées ce soir comme les Empereurs s'enveloppaient dans leurs manteaux de pourpre pour mourir. Le corsage de sa robe de satin blanc était par devant une véritable cuirasse de diamants et de rubis effrénés d'éclat. — Je crois que les femmes ravies à ce spectacle ont applaudi ces bijoux. — Dit bonsoir à Cesena et à David (l'auteur), qui venait de recevoir un soufflet de de Lireux, mais qui lui avait dit son *fait* mieux que Pourceaugnac en lui cassant sa canne sur la figure. — Gracieux préliminaires d'un duel entre *gentlemen* de la presse et des planches ! — Revenu chez moi. — Trouvé du feu. — Fourré à finir le feuilleton de *Ruy Blas*. — Avalé de l'eau sucrée et écrivaillé jusqu'à trois heures et demie du matin, la main ferme, la tête nette et solide encore.

2. Dimanche.

Levé à sept heures, malgré la nuit passée. — Griffonné jusqu'à neuf heures et demie. — Allé au Journal. — Temps gris et humide, mais assez doux. — Fait le *premier Paris* et chiquenaudé les *Débats*. — Lu diverses choses. — Reçu R..., qui est venu me demander de lui mâcher quelque besogne sur le Nisard. Nous verrons. — Revenu chez moi à l'heure ordinaire. — Fait coiffer. — Allé chez Al... où j'ai dîné avec G... — Après dîner, allé chez Guérin, que je n'avais presque vu depuis son mariage. Sa femme a un petit *air femme* qui est fort drôle et fort joli; — quelle singulière et puissante modification dans ces vies-là que de coucher avec un homme! — Assez bavardé. — Revenu à pied sous le plus radieux clair de lune, les haleines de la nuit presque tièdes. Lu et écrit jusqu'à une heure du matin.

6, au soir. Jeudy.

Qu'ai-je fait ces deux jours ? — La vie ordinaire. Passé une soirée tête à tête avec G... et dîné hier avec Gaud... et sa maîtresse rue Montorgueil. Repas fin et savoureux. — Aujourd'hui levé à huit heures. — Reçu une lettre de ma mère. — Allé au Journal. — Travaillé jusqu'à quatre heures, intensément quoique avec un front douloureux. — Horriblement enrhumé. — Revenu chez moi et fait une longue toilette. — Dîné chez madame de L. R... avec un monde enragé. Mis à table auprès de madame L... à qui j'ai fait la cour la plus positive et la mieux comprise. Ah ! je la tiens enfin, cette froide Allemande ! Nous verrons donc. Pas ennuyé un seul instant. Avait l'intérêt de me faire écouter de ces yeux *violettes des bois perlées de rosée* qui ont de si belles épaules. Dit des faussetés à pleine bouche, et trouvé joli un morceau de la *Norma* joué à quatre mains sur le piano. — Il est une heure du matin. Bonsoir.

7 décembre.

Je rentre. Il est une heure du matin. — Levé à huit heures. Habillé. Au Journal. Travaillé. — Allé chez L. B... prendre un volume de Mirabeau. — Revenu chez moi. — Le temps bas et l'horizon cerné de brumes bleuâtres. — Regardé le front pâle de ma mélancolique voisine. — Puis coiffé. — Puis sorti. — Allé chez la *Marchesa,* où j'ai trouvé M. de Saint-G... Causé froidement et avec une mesure diplomatique. — Resté à dîner. Les habitués sont venus. Assez d'entrain vers la fin de la soirée. — La Marchesa en satin noir et de son amabilité la plus rieuse. — Fait et bu du punch excellent. — Allé vers onze heures et demie chez Ap... où j'ai commencé (et avec succès) ma double et ténébreuse œuvre de séduction, — *va benissimo !* — Revenu par une pluie battante. — Griffonnaillé ceci et couché.

8 décembre.

Levé à huit heures, un peu souffrant. — Le temps affreux. — Allé au Journal. Travaillé sans désemparer jusqu'à onze heures.

— Revenu chez moi où G... m'attendait. — Causé avec *estro* au coin du feu. — Allé chez G... où j'ai dîné, mais ai relu avant dîner toute la défense de l'*Esprit des Lois*, supérieure à l'ouvrage! Logique et raillerie froide, ironie pleine d'*acuteness*. — Après dîner, allé chez la maîtresse de G... qui a quelque lubie et qui boude. De là chez Ap... pour mes projets, de là chez moi. — Refait un article et couché.

9. Dimanche.

Le temps est au sec et au vent. — Levé à sept heures. — Écrivaillé. — Habillé. — Allé au Journal. — Travaillé, lu et causé, mais pas en train et la pensée dans le *sombre* et l'ennui. — A cinq heures allé, dans un état de nonchalance sans nom, chez Ap... Joué le rôle d'un damné lovelace, mais qu'importe que je me déprave, n'ai-je pas perdu mon bon génie? la seule créature en qui je croyais? — Maintenant le *diable est déchaîné* et *Cœur de Lion* court à la vengeance. — Revenu chez moi. — Répondu en courant à un billet d'invitation pour la soirée de demain chez des gens, les G..., fort curieux de connaître ma sublime personne, entr'aperçue par eux au bal de Guérin l'autre jour. Pas dégoûtés, mais je ne puis. — Allé au bain. Revenu et couché à la turque, sur les coussins du canapé, devant un feu à cuire un bœuf vif et dans sa peau. — Dîné. Resté abîmé dans de cruels souvenirs et ai résolu de ne pas renvoyer les lettres demandées. — Ai répondu *Non* dans un billet trempé dans l'absinthe. — Écrit ceci et vais me coucher et lire de Maistre si je puis, car je sens en moi un grand accablement.

10.

Un sommeil assez calme, mais toujours cet exécrable réveil. — Levé à huit heures et demie, habillé et allé au Journal. Improvisé un *premier Paris*. Assez d'entrain. Fait encore autre chose. Lu un article sur le livre du docteur Strauss, qui applique à l'existence de Jésus-Christ la critique historique de Niebuhr. Mais toutes les ruines qu'ils font, ces docteurs, sont encore plus chimériques que l'édifice, et pour croire à leur critique il faut encore plus de foi que pour croire à ce qu'ils osent critiquer. Piperie pour les niais que ces textes interprétés par l'imagination, ce *singe de l'intelligence*, dit Schiller. — Re-

venu chez moi. Dîné solitairement et vite.
— Habillé. — Allé à l'Opéra-Comique voir
jouer une pauvreté en un acte de P... —
Allé chez Ap... — Revenu. Couché et lu
dans mon lit.

11.

Allé au Journal. Travaillé jusqu'à l'heure
ordinaire. — Dit bonsoir à Ap... — Revenu.
— Fait allumer du feu. — Écrit à ma mère.
— Lu du Bacon. — Renée est venu pour
son article sur Nisard. — Causé, et même
avec plus de verve que je n'en ai ordinairement avec lui. — En somme, perdu ma soirée, que j'avais résolu d'utiliser. Je me couche las, ennuyé et mécontent.

12. Au soir.

Levé à huit heures. — Écrit. — Fait diverses choses. — Maria est venue. — Habillé. — A dix heures au Journal. — Fait un
long article sur l'état actuel de l'Europe,
vraiment bon ! — Lu et écrit. — Revenu à
quatre heures faire une pimpante toilette. —
Dîné chez G... — Allé chez Ap... Fait la

cour à deux comme don Juan entre les deux villageoises, et presque aussi heureux que lui. — Pris une voiture et allé chez madame de La Renaudière. Parlé avec une verve foudroyante littérature et politique *con el marito*. Ai dit ce que je pensais et résolument, l'expression nette, pénétrante et chaude. En somme presque éloquent. — Puis retombé aux brisures molles de la causerie légère et tendre avec la *donna*. Contrarié cependant parce qu'elle ne donne pas sa soirée Dimanche et que par conséquent mon rendez-vous avec madame L... s'en va en *calembredaine*, — *it is annoying*. — Revenu vers minuit. — Avalé une tranche de gigot froid. — Fini le Bacon, et couché.

13.

Éveillé à huit heures après une nuit inquiète. — Aimée Le Foulon est venue me voir et est restée chez moi jusqu'à dix heures. — Habillé. — Puis au Journal. — Travaillé et lu jusqu'à cinq heures. — Revenu m'habiller. — Le temps rouge à l'Occident et l'air glacé. — Dîné chez Ap... avec laquelle j'ai passé d'indolence jusqu'à cette heure, onze heures et demie, au coin de son feu, à tuer le temps. — Voici depuis quelques soirs un anéantissement, ou pour mieux dire une impuissance d'application, dont rien ne saurait donner l'idée. Il faut surmonter cela sous peine de torpeur invincible et de crétinisme. Quels damnés contrastes sont en moi! car à l'origine j'étais un esprit violent, et *parfois* ce qui fut *autrefois*, quoique brisé et glacé, reparaît encore. . . . .

Ah! pourquoi toujours aussi ce même poids de pensées au cœur?

. . . .

. . . .

22 décembre.

Mutisme de plusieurs jours. Vie agitée, tourmentée, pénible, et pourtant, par une singulière *capacité* de ma chienne de nature, aussi ennuyé que si tout avait été parfaitement calme autour de moi et en moi. L'ennui prédomine toutes mes autres sensations, et je suis porté à conclure que l'anxiété du joueur ne pourrait rien contre la force de cet ennui étrange. — Au fait, tous ces jours-ci, ma vie, sinon de l'avenir, au moins présente, a été jouée, et j'ignore encore si elle n'est pas perdue. Je plonge dans l'écume de la Réalité comme le cormoran dans la vague amère, et dans mon apprentissage politique j'en suis au chapitre des *perfidies,* — vexé, mais non étonné, avec la dureté, la froideur et l'impartialité du bronze même. Qu'y a-t-il de plus?

Aujourd'hui levé à neuf heures après une nuit d'un sommeil sans rêve que je voudrais éterniser. — Habillé. — Sorti. — Au Journal. — Avalé les journaux en masse. Il y a un article de. C. sur les *passions générales* au théâtre, bien écrit, mais absurde, et, qui pis est, faiblement raisonné. — Fait de la politique extérieure. — Après cela, lu une assez jolie bluette de Gozlan dans la *Revue de Paris.* — Puis revenu chez moi par un temps de pluie ruisselante. — Ai trouvé Guérin, mais qui n'est pas resté et n'a pu dîner avec moi. — Allé chez G... mais n'y était pas. — Revenu donc et dîné seul. Ai travaillé avec assez d'application. Lu et pris des notes. — Commencé ce tissu de fadeurs et de fadaises sur le livre de madame de Saint-M... mais interrompu pour demander un renseignement sur ce livre à la Marquise. — Griffonné donc un billet. Puis couché. Puis écrit ceci dans mon lit. — Il est bien tard, je pense, et je serais allé au bal masqué si je n'avais pas oublié mes billets au Journal. — Je suis dans cette disposition d'esprit qui me rejette éternellement dans le monde extérieur et aux surfaces, et d'ailleurs peut-être rencontrerais-je au bal masqué la P... de l'année dernière, femme perdue pour moi, mais non oubliée, et que je voudrais tant revoir, ne fût-ce qu'un instant!

23.

Levé à neuf heures. — Le temps toujours à la pluie. De l'ennui donc par le dehors comme par le dedans. — Allé au Journal. — Lu, écrit, et travaillé enfin jusqu'à quatre heures. — Toujours le même sujet d'inquiétude, mais l'inquiétude domptée et lasse d'elle-même, — triste indifférence, après tout, touchant au stupide. — Allé chez Ap... dire bonjour à Lu... qui est de retour. Puis chez G... où j'ai dîné. Dans la disposition damnée où j'étais, je l'ai déchaîné aux bouffonneries et nous sommes allés, ricanant, chez Alb... Là, vautrés sur le canapé et devant un feu de tous les diables, avons parlé rat, panthère et chameau, avec la plus indolente insolence pour la maîtresse de la maison. — Raconté mille aventures scandaleuses et dit mille cynismes. Soupé, et ainsi rôtis et indigérés, nous nous sommes noyés dans du *thé à l'eau de Cologne* (une idée à moi) et dans des dissertations mystiques sur l'Amour à n'y plus rien comprendre du tout, après la bestialité de l'avant-propos. — Rentré chez moi à je ne sais quelle heure de la nuit, de cette sainte nuit de Noël pour les Turquety et autres poètes catholiques, mais non pour moi. — Couché.

24... ou plutôt 25.

Il faut que je me sois trompé dans mes dates, car ils disent que Noël est toujours le 25. — Levé à neuf heures. Aperçu, en fourrant mon pantalon, la petite J... d'en face, mariée de cet été et revenue, et qui guettait dans ma chambre à travers la fenêtre et sous le rideau écarté, position mystérieuse et que j'aime. Il paraît que le détail anti-sentimental de ma toilette n'a pas charmé la *suave rêveuse*, car elle a disparu et le rideau est tombé. — Habillé. — Allé au Journal. — Temps humide et ciel embrumé, sol boueux, une vilaine édition de Paris. — Travaillé au Journal. — Compté deux jouissances : le Journal de Francfort, dans un arti-

cle délicieux, rosse à plate couture ces bons
Belges que je déteste, et j'ai daubé d'importance les Américains, peuple de marchands
sans génie, qu'un Tocqueville peut seul admirer. — A cinq heures, allé chez Ap... où
j'ai mangé du gigot parfaitement cru, avec
un appétit de cannibale. Les femmes étonnées de voir un séraphin, à la taille féminine,
engouffrer de tels morceaux de chair saignante, comme si Lauzun, *délicat* et *blond,*
avec sa taille de jeune fille déguisée en garçon, n'était pas le plus grand mangeur de
cette cour de Louis XIV qui mangeait comme
elle savait faire tout. — Embrassé le *Conte
de Boccace.* — Revenu. — Fait friser. —
Allé à Valentino. Ils ont joué ce charmant
morceau de Bellini arrangé par Fessi, comme
s'ils avaient su que j'étais là. — A. B... est
venu. Il part pour l'Italie. Dit avoir besoin
de voyager pour ranimer ses sensations. —
Moi, je peux me faire porter de Lisbonne à
Constantinople et de Naples à Calcutta sans
que rien ne *fleurisse* en moi, même pour un
instant. — Vu deux belles têtes à ce concert.
Que les sculpteurs sont heureux de réaliser
leur rêve de beauté avec le bronze et le marbre, et que la forme est adorable! — Les
femmes nous donneraient le plus grand
bonheur de contemplation si le diable n'allu-

mait pas toujours le désir au bout. — Revenu et fait un tour au Boulevard. — Le ciel
épuré et le temps tournant à la gelée. —
Rentré, — écrivaillé, et couché vers une
heure du matin.

26.

Levé à neuf heures, — habillé, — le temps
glacé, — et allé au Journal. Griffonné, mais
mal en train. Une aridité singulière au cerveau et des pensées plus fortes que moi, mais
fécondes seulement en amertumes. — Sorti
à cinq heures. — Allé haranguer le petit L...
chez Ap... sur son manque de caractère dont
je ne puis mais. — Descendu chez G... avec
qui j'ai dîné. — Après dîner, allé chez madame de L. R... M'a appris que je plais beaucoup à cette malicieuse madame Z... Nous
nous unissons dans la médisance. Et que
madame L... avait combiné l'effet incendiaire
d'une certaine robe de moire bleuâtre pour
la soirée qui n'a pas eu lieu et où elle devait
m'ensorceler tout à fait. — Cette *ensorcellerie*
(intentionnelle) sera réalisée mercredi sans
doute, car mercredi madame L... doit venir
chez son amie. — Causé jusqu'à dix heures.
— Revenu. — Griffonné un billet à G... et

vais remettre au net mon article hypocrite sur le sot livre de madame de Saint-M...

27.

Couché fort tard et pourtant levé à six heures et demie du matin, et travaillé aux bougies jusqu'à neuf heures. — Il a neigé, mais la neige fond. — Allé au Journal. — Lu les journaux. Le discours de Montalembert sur la Belgique diablement bon, comme œuvre oratoire, car, philosophiquement et en droit public, il a tort, et moi aussi, depuis six mois. — Vomi pour ma part un *premier Paris* sur le Mexique et deux énormes entrefilets. C'est honnête. — Revenu chez moi faire un peu de toilette, puis allé dîner chez Alb... avec le docteur Guil... Le dîner excellent, varié, substantiel et fin, et s'appuyant sur les deux solides cariatides d'un homard et d'une volaille truffée, d'une rare distinction. Le docteur vastement arrosé, surexcité, mais pas gris, Gaud... sans verve, et moi cherchant à réagir par la parole contre l'intensité de mon ennui. — Sorti de bonne heure. — Allé me chauffer chez Ap... en tiers avec elle et Lucien. Surpris tout à coup par une singulière verve. Parlé, parlé, parlé, mais non par traits détachés, mais en nappe pour ainsi dire, — pittoresque, accentué, dramatique, éloquent jusqu'à faire pleurer Ap... puis à faire naître le rire de gorge déployée au beau milieu de ses grosses larmes. — Longtemps plongé dans l'enivrante exécution de cette sonate de conversation, jouée par moi seul, et enfin sorti vers minuit. — Rentré. — Écrit un billet à la vicomtesse de Saint-M... pour lui annoncer mon feuilleton. Un billet qui vaut tous les feuilletons de la terre, — des flatteries d'une suavité de sirène, une goutte de miel d'Hybla, distillé avec une fausseté de vipère. — Griffonné ceci *de* couché. Et bonsoir !

28... Une heure après minuit.

Je rentre par un clair de lune glacé. — Une journée vide quoique occupée ; hélas ! il en est bien souvent ainsi ! — Ce matin levé à huit heures. — Allé au Journal. — Travaillé jusqu'à cinq heures et demie. — Rien ne se décide encore dans notre affaire, par conséquent dans une disposition peu *rosée,* mais, après tout, sans inquiétude, la froideur naturelle de mon esprit et le *ch'importa !* qui est ma devise détruisant en moi toute anxiété. — A cinq heures et demie revenu. — Dit un mot à Guérin. — Dîné chez G... avec son frère. — Rentré chez moi, d'où l'ennui m'a chassé comme la faim chasse les loups du bois. — Allé chez A... pour mes projets. Je crois maintenant la séduction consommée, — Ap... et L... se boudant. — Ai bu immensément d'eau sucrée, le coude sur la table et en les excitant à se chamailler. Ai merveilleusement réussi. Une bonne scène ! mais on se lasse des meilleures choses et je m'en suis allé. D'ailleurs il était tard.

29, au soir.

Ce matin un réveil d'une plus horrible amertume que jamais. Pourquoi ? Qui sait ? Les souvenirs sont plus perçants après les rêves. Chose embrouillée que l'homme ! — Habillé et prêt à sortir à neuf heures trois quarts. — Allé au Journal. Saturé de nauséabonde politique. Sorti au tomber du jour. — un brouillard épais sous lequel il gèle. — Entré par flânerie chez Ap... qui m'a gardé à dîner. — Resté parce que je redoutais d'être seul et pourtant je ne sais quelle pensée m'entraîne toujours à la solitude dont *ce que j'y trouve* devrait toujours m'écarter.

— Fait une *orgie* d'oranges après dîné et roulés sur le tapis comme de vrais enfants. — G... est venu me chercher. Descendu avec lui en promenant jusque chez la vicomtesse de Saint-M... où j'ai remis ma carte et mon feuilleton. — Passé au Boulevard. Puis rentré. — Trouvé un billet de la Marchesa et une écharpe tissée par elle, charmante, mais légère comme les sentiments d'une femme. Cette écharpe m'a rappelé bien des choses cruelles et douces, — ce qui fut doux ne devient-il pas toujours cruel ? — Répondu un mot aimable, bien profond et bien vrai, à propos d'une chose si frivole, et pour un billet. — Griffonné ceci, et vais lire maintenant, car je ne suis disposé au sommeil que vers le matin.

30.

Levé à huit heures. — Allé au Journal. — Sorti à cinq heures. — Revenu m'habiller. — Dîné chez G... au coin du feu, avec les sensations recueillies d'un appartement bien chaud quand il fait froid au dehors. L'âme dé*noircie* des jours précédents. — Allés ensemble chez Alb... digérer. — Revenu seul. — Lu et couché.

12.

Le temps au brouillard et aux plus damnées tristesses qui furent oncques. — Sensation du réveil plus enfiellée que jamais ; mais autrefois c'était plutôt une disposition organique ; à présent, il s'y mêle quelque chose de moral : des souvenirs... Quand je songe qu'à part G... et G... toutes les affections que j'avais et sur lesquelles j'ai vécu sont détruites et qu'il n'y a plus que ruines dans mon passé et dans mon cœur ! — Certes ! je ne suis pas plus *sentimental* qu'un autre, puisque le *sentiment* du ridicule est presque le seul qui me soit resté, mais c'est triste pourtant d'en être là !

Habillé. — Allé au Journal. — *Articlé.* — Lu un article de L. de Carné sur l'Angleterre depuis la Réforme, article *fort,* grave et sombrement prophétique. — Un homme de talent, mais qui ne *saisit pas.* — Sorti de bonne heure. — Allé chez Al... chercher un mouchoir oublié. Fait boutonner mes gants. — De là, chez la Marchesa. — Trouvée seule avec le *Baron.* Ai ranimé ses langueurs. Suis resté à dîner. Le vicomte de B... affectueux comme toujours et gai comme quelquefois, — le propos gaillard et le récit spirituel dans sa lenteur même. Restés à voir s'habiller la Marchesa qui s'en est allée souper chez madame de Saint-M... — A beaucoup aminci et n'en est que plus belle, prétend-elle, mais moi, non. Et cependant elle l'est diablement encore ! Bien mise, du reste, avec une forme et une coupe de robe voluptueuse et négligée. M'a appris que mon feuilleton sur la vicomtesse avait produit le meilleur effet. — J'avais peur qu'on y trouvât de l'ironie, mais la vanité, cette chose si sensible, est quelquefois de bronze à l'éloge le plus blessant. N'importe ! quoique je n'aie aucun projet sur madame de Saint-M... je ne voudrais pas la vexer. C'est une bonne créature, au fond, et tout à fait inoffensive. — Descendu chez Ap... Embrassé le *Conte de Boccace,* auquel je fais des contes qui deviendront, *pour elle*, une histoire. — Descendu, engagé par la sérénité du ciel et le clair de lune, jusqu'au Palais-Royal. — Revenu au Boulevard en causant avec L... Rentré glacé, et couché après avoir lu divers papiers, sous la préoccupation de cette année qui finit et de l'affreux vide qu'elle a laissé après elle. — Les autres années j'ai souffert davantage peut-être, mais je n'ai pas été si ennuyé et si *seul.*

1er de janvier 1839.

Nuit agitée et réveil pire que la nuit. Où donc est le repos ? — Lu et écrit dans mon lit. — Reçu une lettre de ma mère. Pourquoi les relations de la famille ne m'apportent-elles aucune douceur ? — Levé à deux heures. — Le temps aussi sombre qu'hier, embrumé et froid. Resté à griffonner des lettres au coin de mon feu. — Il est quatre heures, et il faut songer à sortir. — J'ai mille courses à faire quoique j'aie supprimé la plus grande partie de mes visites. — Je passerai, je crois, la soirée chez G... — accablé d'ennui.

Au soir, en rentrant.

Je sors de chez G... Le ciel beau, mais le sol boueux. Triste ville et pauvre climat, en somme ! — qu'ai-je fait depuis tantôt ? Repris *Madame de Gesvres,* qu'en définitive je vais finir, ne fût-ce que pour m'écumer le cœur. — Le coiffeur est venu. — Habillé. — Allé chez M. de G... puis fourrer des cartes ici et là. — Acheté des bonbons. — Dîné chez Gaud... puis allés ensemble chez de G... Pris du thé et causé gaîment, moi cherchant à me secouer, par conséquent vif-argent et flamme. Mais le dedans, le dedans plus misérable que le dehors n'était fou. Revenu, et au lit après avoir griffonné cet insipide memorandum d'un jour insipide.

2 janvier.

. . . .

3 janvier.

N'ai rien noté hier. J'avais passé la journée au travail et le soir dans la plus compliquée toilette. — Allé à neuf heures chez madame de L. R... Il y avait du monde, mais pas *ma Reine* sur qui je comptais, par conséquent horriblement désappointé. — Elle est malade. — Bu de rage quatre immenses tasses de thé et mangé de la brioche à étouffer. — Sorti vers minuit, G... et moi, et allés souper chez Véfour avec du foie gras et du sauterne.

Aujourd'hui, levé à neuf heures, la tête sans pesanteur et les nerfs souples. — Allé au Journal. Lu et griffonné un article de trois colonnes. — Causé politique. — Remué le bourbier de la presse, L. B... me nommant les personnages. — On n'a pas d'idée de ces gens-là !

Revenu. Habillé. — Allé chez Ap... où j'ai dîné avec L... Allé chez Alb... Retourné chez Ap... faire mes horreurs avec son type de Rubens qui est à moi jusqu'à la dernière épreuve. Mais pourquoi tout cela ne soulève-t-il pas l'ennui de mon âme ? — Rentré tard et écrit ceci dans mon lit, agité et au fond triste. — Disposition étrange !

4 janvier.

Levé à neuf heures, et, chose rare, après une nuit assez calme. — Habillé. — Sorti. — Au Journal. Lu de la politique. Écrivaillé deux articles. — Le temps sombre, pluvieux, maussade, déteignant sur mon esprit, *cette âme du monde,* tant il est extérieur ! — Dit bonjour en revenant à Ap... Allé dîner chez G... Pris du *grog* après dîner. — Vie dans la vie que ces alcools ? — Rentré. — Fait du feu. — Pas sorti. — Le coiffeur est venu me fourrer des papillotes. — Lu un volume de trois cent soixante-dix-huit pages sans désemparer. Le second volume d'*Arthur* par Sue. De l'observation, de l'esprit, de l'inté-

rêt, mais pas de style, pas de combinaison,
manque d'ensemble. Ce qu'il y a de bon en
cet homme, malgré son dégingandé, c'est
qu'il met une idée, ou du moins veut mettre
une idée dans ses livres. — Remué divers
papiers et commencé une lettre de sanglan-
tes ironies à ma tante, charmantes de per-
fidie caressante sous une expression dont elle
ne manquera pas d'être dupe, avec son immense perspicacité. — Je voudrais bien travailler un peu sérieusement, mais j'ai les nerfs
du front tendus et douloureux, — donc, après
ceci, je me couche. Il est assez tard.

5.

. . . .

6 janvier.

Pourquoi n'ai-je rien noté le 5 ?... Le voici.
Je dégrossis de la politique toute la journée
selon mon usage ; le soir dînai chez la Marchesa, dont la taille turque redevient guêpe
du ciel de France, et passe, à ma grande dé-
solation, d'Orient en Occident. — Elle se
récrie et est très fière de cette seconde jeunesse de corsage, de ce dégagement de torse
qui n'influent pas sur les rondeurs hardies

et pures entre lesquelles la taille se cambre, assouplie. Mais moi j'aime les beautés énormes, dignes de s'étaler au pied des colonnes du festin de Balthazar de Martynn et s'harmonisant avec toute cette immensité qui les entoure. — Le Marquis est revenu. — Dîné seul, avec B... Assez gais tous. — B... m'a donné la mesure de ses opinions politiques. C'est un aristocrate qui aurait été du parti du Prince de Condé, du temps de la Fronde, et qui, dans les intérêts de sa caste, aurait conduit très poliment Louis XVIII à Vincennes sur un simple mot de Charles X. — Dit qu'ils étaient tous ainsi dans la Garde avant que Gouvion de Saint-Cyr n'en eût *adultérisé* la formation. — Et de tels hommes n'ont pas rendu la Révolution de juillet impossible, et Charles X (*Monsieur* alors) n'a pas dit le mot qui jetait MM. de la Maisonfort et de Vitrolles aux affaires et coupait l'herbe sous le pied au Libéralisme, avec ses quinze ans ! — Allé avec le Marquis acheter des bonbons chez cette fille qui m'avait paru si maladivement jolie l'autre jour et d'une taille si voluptueusement souple. Restée charmante dans la confrontation présente avec le souvenir que j'en avais gardé. — Le temps sombre, l'air froid et dur. — Rentré chez moi prendre du linge et me faire coiffer. — Puis chez Ap... avec qui je suis allé chez Musard ainsi que L... jusqu'à trois heures du matin. Un monde *enragé d'enragés !* Véritable promiscuité bestiale sous forme humaine. — J'ai surmonté les horreurs du dégoût et suis resté à chercher un front pur et blanc mat surmonté de bandeaux blonds comme l'ambre ; — c'était P... que j'aurais désiré rencontrer, sous tous ces masques de velours noir ; c'était son front glacé et doux comme le marbre, et fait comme d'un coup de ciseau, que j'aurais voulu voir surplombant le masque sombre, et plus fermé que lui au regard. Quelle sensation aurais-je éprouvée ? Quel mot lui aurais-je dit ? Je ne sais, mais je l'aurais bien reconnue, ma *statuette de l'indifférence,* comme je l'appelais autrefois ! — Pas heureux dans ma revue de *fronts.* Donc, d'humeur, allé souper avec A... et L... Bu fort peu. Ils se sont couchés, eux, mais moi je suis resté à veiller avec le *Conte de Boccace* et je l'ai enfiévrée de cette ardente insomnie qui en enfantera plus d'une toute pareille, — les sens allumés, mais la tête froide, jouant la comédie avec un regard dont j'éteignais ou lançais à volonté les éclairs, mais qui observait aussi bien que s'il avait été calme, marquant les endroits faibles, souverain maître de moi. Tout un système d'attaque à inventer avec une femme d'un tel niveau social, — plus de vanité qu'une duchesse, de la vanité des humbles de ce monde plus vaste et plus amère que celle des grands, magnifique jeunesse, pure encore, mais curieuse, — naïve, naïve, la chose introuvable, une naïveté qui ne se perd que dans la peur et les idées de précaution, comme dans les autres femmes, si les autres femmes avaient quelque chose à perdre de ce côté-là. Farouche d'abord aux caresses, au plus mol et au plus fugitif des baisers, — pas de bégueulisme pourtant, pas une idée de vertu bête (toute vertu est bête qui ne vient pas de l'idée de Dieu), mais l'instinct de la femme qui résiste dans le désordre de la volupté par étonnement des sensations même, — coupe pleine jusqu'aux bords, à moitié noyée dans le nectar qui la déborde, et qui ruisselle sur son pied de marbre brûlant, —cœur de chêne, dur à pénétrer même au feu, mais qui doit devenir un brasier immense, un inextinguible bûcher. Je n'aime pas les forteresses qu'on prend en quatre heures, donc ne veux pas me presser avec cette femme, qui ne *peut pas ne pas* se rendre aux termes où j'en suis à présent. En amour, jeter des bombes et envoyer des boulets rouges me plaît plus que piller la ville.

Ai fait pleuvoir de cette sorte d'artillerie

jusqu'à une heure très avancée. Rentré chez moi sans lassitude, la tête nette, le jour blanchissant le bleu du ciel, l'air doux, comme s'il m'eût reproché et mon manteau et mon écharpe. — Fait allumer du feu et parti après ma toilette. — Allé au Journal et travaillé avec une main ferme et un cerveau aussi attentif que si je n'avais pas passé la moitié de ma nuit au bal et l'autre moitié une belle jeune fille sur mes genoux! — Dîné chez Ap... Revenu avec G... par un temps du diable. — Écrit un billet à Guérin. — Puis couché. *Corpo di Bacco!* il était temps.

7.

Aujourd'hui, levé à neuf heures. — Allé au Journal. — Travaillé et lu jusqu'à cinq heures et demie. — Allé en sortant chez Ap... pour le *Conte de Boccace*. Le *type de Rubens* furieux, parce qu'il a surpris quelque chose de la nuit d'hier; — la plus délicieuse sensation que puissent donner les femmes, c'est la jalousie dont elles se prennent les unes contre les autres et dont on est la *cause agissante.* — Le temps froid et pluvieux. — Allé chez G... avec qui j'ai dîné en tête à tête. — Parlé *droit criminel*. — Ai développé des idées que je crois fécondes sur l'amende et sur la torture, — l'amende, qui est la seule peine rationnelle et utile dans un état de société comme le nôtre, et dont on pourrait tirer de si excellents effets en l'introduisant dans notre législation sur une vaste échelle et dans des proportions rigoureuses (comme elle s'y trouve, elle ne produit rien); et la torture, abolie par un siècle matérialiste, chose très remarquable. — Toujours développant cette thèse, à laquelle G... a objecté de manière à m'animer, à me fouetter, ai fait lever des myriades d'idées, — saisissant, éblouissant, intéressant ce profond sceptique qui s'ignore sceptique, G..., et qui a fini presque par le hochement de tête résultat de la conviction du moment et salut à la vérité. — Après dîner, rentré. — Trouvé un billet de G... qui ne répond pas du tout à ma question. — Fait du feu et griffonné jusqu'à minuit. — Couché la tête un peu lasse.

Mardi, 8.

Allé au Journal à huit heures. — Travaillé et lu jusqu'au jour tombant. — Revenu faire un bout de toilette. — Reçu un billet

de G... chez qui je dîne dans deux jours. —
Dîné chez G... — Allé chez A... et chez Ap...
— Jeté une carte chez le Vicomte de B... —
En somme, une sotte journée, et l'ennui pendant et au bout. — Je veux travailler ce soir
à la *Marquise de Gesvres*. Donc je ferme ce
Memorandum.

Mercredy, 9.

Le temps se reprenant un peu au froid et
moi vaguement souffrant. — Levé à huit
heures. — Allé au Journal. — Galopé un
article, puis resté à lire les Revues. — Sorti
à cinq heures — Dit bonjour en passant à
Ap... — Revenu chez moi. — Supprimé le
dîner. — Écrit à Guérin. — Travaillé à
Madame de Gesvres, précieux diamant, mais
lent et difficile à faire comme si je le faisais
avec du charbon. — Allé au bain. Resté au
bain une heure et demie, lisant l'*Innocent III* de Hurter, — livre dans lequel je
n'ai rencontré encore que de l'érudition et
le point de vue catholique si grand qu'il
donne de l'élévation et de l'imposance à toutes les pensées. — Ai cherché à réprimer
l'ennui par la force de l'attention, mais, l'attention succombant, suis rentré avec des ra-

ges de tristesse bourrelée. — Dîné sobrement pour faire diversion au moral, puis couché.

10.

Levé à huit heures, souffrant de corps et la pensée sans élan. — Le temps à la gelée. — Sorti et allé au Journal. — Travaillé jusqu'à trois heures. — L... est venu et je suis sorti. — Le ciel d'un azur étincelant comme la lame d'un sabre *damassé*. — Le sol durci, la lumière poignante et le Boulevard couvert de femmes en fourrures. — Passé chez Ap... à la taquiner deux pauvres petites minutes. Les fleurs superbes par ce temps glacé. — Revenu chez moi faire ma toilette. — Allé chez G... le prendre, mais il avait une course à faire et je suis allé tout seul au Faubourg Saint-Germain. — Le ciel pourpre et magnifique. — Allé à pied. — Dîné chez G... en famille avec mademoiselle D..., contrefaite et laide, d'une physionomie plus douce que d'*usage* parmi les bossus. — Le dîner bon, cordial et gai. La femme de Guérin jolie et gracieuse sans arrière-pensée. Pour elle, la défiance est l'écueil de la grâce, surtout vis-à-vis de moi. Je suis son rival, *idéal,* bien entendu, dans je ne dis pas le cœur, mais l'esprit de son mari, qui l'a plus passionné (cet esprit) que le cœur même. — Restés à causer, G... et moi, pendant qu'eux jouaient et faisaient mille folies. — Regardé la collection des femmes de Shakespeare. Trouvé deux à trois têtes expressives et belles, mais Desdemona seule dangereuse à regarder. Lu deux notices : l'une de Nisard, incomplète, l'autre de madame Sand, détestable et déclamatoire. — Le règne de cette femme est fini. Il n'y a rien de juste, rien de vrai dans la réputation des femmes depuis Sapho jusqu'à cette Grisi qu'ils vantent, cette cantatrice maussadement belle et à laquelle ils ont créé, de leurs mains égarées, le plus impertinent orgueil. Pour les hommes, les réputations, en bien ou en mal, exagèrent aussi, mais moins, à ce qu'il semble. Il n'y a plus de sexe, il n'y a plus de nerfs (du moins au même degré) dans le jugement qu'on porte sur eux. — Revenu au Boulevard à dix heures et demie. — Allé embrasser le *Conte de Boccace*, que j'ai trouvé mélancolique, et ses larges prunelles d'un bleu sombre deux fois plus humides qu'à l'ordinaire. Machines à larmes que ces êtres nerveux ! Est-ce que ce qui ne devait être qu'un caprice serait un amour ? et, mon Dieu ! qu'on me dise où la sensation finit dans la femme et où le sentiment commence. — N'a pas voulu me dire ce qu'elle a, mais n'ai-je pas l'œil qui voit à travers l'orbe du bouclier d'albâtre que la nature moula sur le cœur de ces Amazones? — Rentré et couché sans lire.

11, au soir.

Levé à huit heures. — Habillé. — Allé au Journal. — Y suis resté jusqu'à cinq heures, travaillant, causant, lisant. Reconnais que ce métier de journaliste développe et que depuis ces six mois de frottement aux idées applicables, j'ai immensément appris. — On devine tout à ce métier, on calcule tout, et le tact, qui est une faculté acquise, on le crée en soi. — Ne faut-il pas être aveugle pour reconnaître avec le bout de son doigt les couleurs? — En somme, pour qui a quelque génie de coup d'œil et quelque audace de volonté, le journalisme est l'état-major des hommes d'état modernes. Si l'on n'en a pas, la pensée y deviendra plus souple, l'expression plus nette, la phrase plus serrée, moins ambitieuse surtout, l'esprit plus pratique. N'est-ce donc rien que cela?...

La situation est délicate, glissante, et les fautes des coalitionnistes l'ont aggravée encore. Heureusement qu'en fait de fautes, de part et d'autre, on n'a rien à se reprocher. — Ce que nous appelons le hasard n'est que de l'ignorance. Y a-t-il du hasard en politique, et ce que nous appelons ainsi n'est-il pas plutôt une cause qu'on ne voit pas, comme ce que nous appelons *cause* en physique est-il jamais autre chose qu'un effet ? — Ai dit que M. Thiers avait une habileté très distinguée, mais qui d'un côté se rompait à l'étourderie, et de l'autre à la lâcheté. Fâcheuses pailles dans ce fin acier ! — Passé deux minutes chez Ap... Puis chez G... où je n'ai pas voulu dîner, à cause de mon bain. — Revenu. Fait du feu. Ecrit jusqu'à neuf heures. — Ai reçu un *doux billet,* et non pas un *billet doux,* de madame de Saint-M..., qui me remercie de mon feuilleton. Me dit dans ce billet avec une défiance câline : *Pensez-vous seulement un quart du bien que vous avez dit de moi ?* Mot diablement femme ! Les voilà bien ! Elles veulent qu'on les flatte et elles veulent que la flatterie soit une vérité ! — Curieuses ! — Passé une heure et demie dans l'eau, où j'ai lu de l'*Innocent III.* — Peu intéressé des détails biographiques qui précèdent la vie politique du pontife. Tête de moraliste de premier ordre, mais rien que cela encore jusqu'ici, — rien vu qui justifie le grand nom d'historien qu'on veut faire à Hurter.

Revenu. Dîné à peine. Reprends mes habitudes de sobriété. — C'était Léon qui autrefois m'appelait un anachorète de boudoir. *Bene trovato!* — Griffonné péniblement de la *Madame de Gesvres.* Puis ceci, puis couché. Il est minuit et demi. Une heure triste!

13. Dimanche.

Hier samedy je n'ai rien noté. Je rentrai fort tard et je me mis au lit. — J'avais passé la soirée chez madame de L. R... avec madame Z..., cet amour-propre malicieux, qui n'a pas plus de cerveau qu'une autre femme, mais qui ne me déplaît pas, parce qu'elle a cette familiarité de bonne compagnie qui va, sans dissonance, de pair avec tous. — Raillé à perdre haleine, détaché de ces reparties qui sont comme la grêle de l'esprit, bondissant sur les vitres, mais ne les cassant pas, et puis éteint toutes ces moqueries phosphorescentes dans cette mélancolique *Polonaise* des *Puritains,* mon caprice, et que ces dames ont jouée à quatre mains.

Aujourd'hui levé à huit heures. — Précipité au Journal. *Tartiné*, comme ils disent dans leur ignoble jargon. — Allé dîner chez la maîtresse de G... Bonne chère, bon feu, le *va te promener la honte* et toutes idées et tout mot *cul nud,* la vraie intimité des hommes qui sont au-dessus des apparences et qui les jugent sans soigner la rédaction du jugement, la *roulerie* sur le canapé avec les femmes, ces chattes de velours qui n'ont jamais de griffes qu'au moral et qui ne vous forcent ni à la repartie, ni au *sous les armes* comme les femmes du monde. Voilà ce qui sied aux mœurs modernes, aux hommes d'action qui suent toute la journée à courir après une position ou de l'argent, ou même aux artistes qui veulent penser à autre *chose* (à leur ouvrage actuel) tout en caressant leur maîtresse! Voilà ce qui empêche de faire le cavalier servant de quelque belle dame comme en Italie, où l'on ne sent pas le besoin d'être riche et où l'on n'est pas ambitieux; — car on peut m'en croire, moi qui l'ai éprouvé, il n'y a pas de fatigue telle! il n'y a pas de passe-temps plus dévorant que d'aimer une femme de naissance et du monde! Bonaparte aima une femme entretenue. Dans une société qui n'aurait pas été un pêle-mêle, s'il avait aimé une femme comme il faut, il aurait dépensé son activité dans une intrigue ; il se serait consumé en très difficiles riens. Le mariage lui-même a toujours une certaine pruderie, un certain *guindé*, ce vertugadin de satin blanc qu'ils appellent la chasteté ; la vie a plus d'agrafes alors, et c'est cela, plus encore que l'habitude, cette souveraine sacrée par la lâcheté de ses esclaves, qui fait préférer à une charmante jeune femme qu'on a épousée par amour une vieille maîtresse devant laquelle on se permet tout et que le sans-gêne ne choque pas. Qu'est-ce que cela prouve ? Que l'homme est paresseux et égoïste et que Shakespeare a toujours raison : *L'homme ne me charme pas, ni la femme non plus.*

Allé causer chez A. B..., qui part pour la Sicile mercredi prochain. Ma foi ! j'aurais du plaisir à m'en aller aussi, moi, et c'est là une disposition nouvelle, car je tenais à Paris tout ce temps. Mais depuis que P... a *traversé* ma vie, peu m'importe de vieillir ici ou là ! Je m'ennuie et j'ai besoin d'autres sensations. —... m'attachait à la France, mais elle m'a aussi abandonné si bien que jamais dans ma sacrée vie je n'ai mieux senti l'angoisse de l'isolement. — Rien ne peut la vaincre, pas même une soirée passée avec une superbe jeune fille qu'on dresse aux voluptés que sa magnifique organisation appelle, comme celle que j'ai passée ce soir avec le *Conte de Boccace,* — belle odalisque, mais les sultans d'Occident sont plus quinteux que ceux à qui une simple sensation suffit ; il leur en faut davantage. Moi maintenant, par exemple, je suis au moral comme Tibère à Caprée, et il faudrait que Dieu m'envoyât un de ses anges pour que toute femme ne me parût pas. . . . . .

. . . .

14.

Le *Memorandum* d'hier n'a pas été fini, pourquoi ? Quelle pensée l'interrompit, je ne sais, et d'ailleurs que m'importent mes pensées quand elles ne sont plus.... Aujourd'hui levé à huit heures. — Habillé. — Au Journal. — Travaillé jusqu'à deux heures. — Revenu faire ma toilette. Trouvé une invitation pour soirée de la Marchesa. C'est la troisième de la semaine. — Ma toilette faite, allé chez la Marchesa. N'ai eu presque le temps que de lui baiser sa royale main et suis retourné au Journal. — Dîné avec

L. B... au restaurant, puis allé au Théâtre
de la Renaissance, à la première représentation d'un mauvais drame, par je ne sais
qui. — Beaucoup de monde, force catins
bien mises et toute notre littérature, depuis
Balzac jusqu'aux feuilletonistes à l'initiale
obscure. — Madame de G... (l'ancienne
Muse de *la Patrie*) tout en noir, coiffée de
ses blonds cheveux, noirs à force d'épais-
seur derrière la tête, ruine de femme singulièrement belle, mais ruine qui se tient debout. Grandement sculptée, le dos nud et
superbe de largeur, de courbure, d'éclat d'i-
voire et de poli. — Madame Hugo était
mollement couchée à l'avant-scène, jolie, piquante, mais la façon d'une courtisane et
ayant toujours l'air de poser pour les vignet-
tes des livres de son mari. — Revenu. —
Écrivaillé. — Puis couché. — Tué d'ennui.
— Bon soir !

15 janvier.

La nuit assez calme. Levé à huit heures.
— Habillé. — A. Le Foulon est venue. —
Causé. — C'est la seule femme dont le cœur
soit toujours le même pour moi de tous les
cœurs qui me furent dévoués. — Allé au

Journal. — Fait la besogne quotidienne, puis resté à lire la *Revue des Deux Mondes,* qui devient de plus en plus détestable, madame Sand tournant à la radoterie philosophicaillante. — Revenu m'habiller. — Allé chez Ap... — Ai supprimé le dîner. — Passé au Boulevard, mais n'y ai vu personne. Le temps est sec et froid. — Allé chez madame de L. R..., avec laquelle j'ai causé intimement et de manière à m'alléger l'infâme poids d'ennui et de tristesse que je me sentais sur le cœur, mais le mari est venu me faire des dissertations sur les Allemands, que je n'admire point et même n'estime guères, et alors je m'en suis allé. — Rentré chez moi. — Mangé un peu de viande froide. — Écrit ceci et vais lire probablement du Smollet. — N. B. penser à écrire à madame M... demain matin.

16.

. . . .

17, au soir.

Hier je rentrai trop tard pour noter. J'étais allé à la soirée de madame de L. R...

Il y avait assez de monde, quelques jeunes et jolis visages parmi lesquels brillait d'une lueur douce celui de la femme de Guérin, massacrant tous les cœurs avec le poignard de ses cheveux, — charmante coiffure [1]! — Madame de L. R... coupable d'une nuance de rouge sur ses joues pâles de quarante ans, et malgré son amour pour le naturel et le vrai. Bien mise, du reste, avec une robe de soie gris d'argent, un mystérieux clair de lune de robe. Puis ma beauté à moi, mes yeux *violettes des bois riant dans la rosée*, avec leur fameuse robe bleue, couleur du temps, et une assassine nudité d'épaules et toutes les

1. Le mot poignard est pris non au figuré, mais au propre. Cette coiffure était Indienne. Une torsade à la Grecque sur le sommet de la tête et un petit poignard, aigu comme une lame de couleuvre, fixant la torsade et la traversant. Cette arme et ce symbole de meurtre au-dessus de deux yeux doux comme ceux d'une tourterelle bleue des bords du Gange était d'un charme singulier. Si Guérin était le poète, bien souvent sa femme, naïvement, était la Poésie. Elle se faisait des poèmes autour d'elle avec des méandres de mousseline qu'elle avait l'art de draper, de renfler, de canneler, grande artiste en plis et en renflements aériens! La brise, l'air, n'impriment pas des formes et des ondulations, des flexions tremblantes et plus molles à une bulle de savon qui flotte et qui va se dissoudre, que cette petite femme aux tissus légers de son pays dans lesquels elle roulait son petit corps svelte, et, si gentiment, s'embabouinait. (Lettre du 18 Décembre 1854 à Trebutien.)

tentations d'un corset à moitié ouvert. Lui ai fait ma cour, et cette fille d'Ève ne m'a-t-elle pas appelé serpent, avec l'instinct qui vaut l'esprit dans les femmes bêtes. — Ai posé en adorateur. — A voulu me désoler en m'isolant par le piano dont elle a tapé exécrablement tout le soir, ou en dansant quand moi je ne dansais pas. — Très flattée au fond de cette adoration officielle que j'affecte et que lui confirme sans cesse madame de L. R... pour me montrer qu'elle n'a pas peur. — Avait aussi le péché du rouge, mais non de l'hypocrisie, car le vinaigre l'avait incrusté dans la peau d'où il faisait flamber l'œil, rendait la joue ardemment pourpre, et faisait croire à l'incendie, ou à la congestion d'après dîner. — Sa fille, observatrice de profil, avec un regard embusqué dans le coin de l'œil, trouvant très drôle mon système avec madame sa mère, quand à elle, fille bonne à marier, je ne dis jamais un seul mot, — statue de la décence qui valse, les yeux baissés comme à l'église, — dégoûté de ces valses qui doivent être exécutées par des bacchantes et non par des femmes qui pensent à ne pas montrer leur jarretière. Il y avait là une jeune créature, un peu maigre, mais purement jolie comme une *madonna* de Raphaël. Elle a valsé aussi en contradiction avec sa figure, plus stupidement qu'un derviche!

Aujourd'hui levé à huit heures. — Habillé. Allé au Journal. Fait un long article que j'ai manqué net. L'expression m'a entraîné, cavale dangereuse qui m'emporte parfois sur sa croupe et à laquelle je briserai plutôt les jarrets que de ne pas l'arrêter. — Resté à lire jusqu'au soir l'*Innocent III*, ennuyeuse biographie, livre épais, surchargé, sans clartés et sans perspectives. Que disaient-ils donc de ce Hurter?... — Dîné chez G... Allé avec lui chez A..., que j'ai outrageusement taquinée sur la forme d'une robe. — Extravagué tous les trois et mangé du sucre. — Revenu seul. Travaillé avec assez d'application au coin du feu. — Griffonné de la *de Gesvres*, puis ceci, et vais me refourrer à l'*Innocent III*, sur lequel j'ai un mortel article à bâcler pour l'*Instruction Publique*. — Donc bonsoir!

18.

. . . .

19. Samedy.

Hier n'ai rien noté. La journée s'écoula au travail, et le soir, jusqu'à neuf heures, dans les soins d'une toilette enragée. — A neuf heures allé chez la Marchesa. Il y avait *raout*. Bonne soirée. Les appartements au degré de chaleur, les glaces au degré de froid, et le punch au degré de citron convenables. — La Marchesa tout en blanc et en dentelles, les épaules au vent et l'air souffrant. Ai remarqué deux femmes. L'une (Dauphinoise), madame de Leutre, taille de cinq pieds trois pouces, assez bien faite, les épaules belles, mais ni assez grasses ni assez rondes, le profil très pur, les yeux vifs, la bouche singulièrement alliciante, et la lèvre ombrée d'une moustache veloutée relevant l'émail humide des dents libertines. L'autre, mademoiselle de L. M... (déjà rencontrée), ce parti si riche et qui refuse si obstinément les épouseurs, grande et l'air aristocratique malgré un très remarquable éclat de fraîcheur. — Me plaît beaucoup et ne lui ai rien dit, mais me suis amusé à faire sous ses yeux qui l'observaient une cour *hardie* et *tendre* à madame de Leutre, selon la méthode du général Lasalle. Celle-ci toute aise et, je crois, disposée à ne faire mourir personne de ses rigueurs, moi acéré, ironique, en bonne disposition enfin. — Resté jusqu'à minuit trois quarts et décampé après le départ de madame de L...

Aujourd'hui levé à huit heures et demie. — Habillé. — Allé au Journal. — Le temps sec et un vent furieux. — Travaillé, lu les journaux, — puis dépêché de l'*Innocent III* jusqu'à la nuit. Pas plus content de cette lecture, vide quoique chargée; chargée de petits faits, mais vide de grandes vues; biographie microscopique. En somme, incomparablement inférieur à l'*Histoire de la Papauté* de Ranke. — Revenu chez moi sous la pluie. — Fait coiffer. — Dîné chez G... puis descendu au Théâtre-Français. R... m'y avait donné rendez-vous, mais baste! peut-on compter sur ce grand trompeur? — Suis resté au balcon et n'ai pas trop regretté mon temps à regarder jouer *Andromaque*, car mademoiselle Rachel a été fort bonne. Les deux traits caractéristiques de son talent sont noblesse et netteté. — Allé chez Ap... Embrassé le *Type de Rubens*, ardente et curieuse plus que le *Conte de Boccace*, qui ment à son nom en ceci et qui prend plus au sérieux nos relations. —

Rentré. Écrit ceci et vais lire, pour faire diversion à cette grande sécheresse qui est en moi. C'est la sœur de l'ennui ou peut-être sa mère. — Je devais aller cette nuit au bal chez madame M... mais je n'ai jamais eu le courage de m'habiller.

20. Dimanche.

Levé à huit heures. — Habillé. — Reçu une lettre de ma tante, qui me rend toutes mes faussetés, mais moins aimables et moins ironiques que les miennes. — Allé au Journal. — Fait un diable de bon article, d'un tour oratoire et écrit comme il aurait été parlé. — Avalé les journaux. Puis les cent vingt et une premières pages de la brochure de Fonfrède sur le *Gouvernement du Roi*. Bon style de pamphlétaire, mais abus de logique, et d'ailleurs toujours raisonnant à côté de la question. Hors la Charte, ces idées-là peuvent avoir de la valeur, mais ne pas en conclure contre la Charte est inconséquence ou jésuitisme et peut-être tous les deux. — En sortant passé chez Ap..., mon sérail. — Revenu chez moi me faire coiffer. Puis allé chez G... où j'ai dîné par occasion. Sa femme toute charmante et n'ayant pas gardé ses mauvaises impressions contre moi. Bavardé avec assez de gaîté et pourtant le cœur toujours aussi infiltré d'ennui. — Revenu en cabriolet. — Un temps froid et humide, agissant sur les nerfs. — Couché. Écrit deux lettres dans mon lit. Puis ces lignes, et comme l'attention est lâche et révoltée, vais lire un peu du Byron, mon immense sympathie par les petites choses et par les grandes.

21 janvier.

Levé à huit heures trois quarts. — Le temps à la pluie, au vent, au froid, et à toute la combinaison enragée des douceurs charmantes de ce climat. — Allé au Journal. *Articlé* avec une furie de plume que j'ai maintenant pour trousser un article comme pour dépêcher une lettre. — Je suis convaincu, et je le dirai à G..., malade comme moi de ce marasme de stérilité que des esprits difficiles et défiants ont toujours, je suis convaincu qu'il ne faut pas se regarder faire, car alors l'ambition du détail, la recherche du trait, arrête et tient en échec, mais qu'il faut marcher devant soi et toujours, sans même se relire, si besoin est ; et qu'un jour ou l'autre on s'aperçoit que l'embarras de la forme était ce que l'on prenait pour un empêchement de créer. — Écrit une page d'anodines douceurs sur Lamartine et qui paraîtra demain. — Pourquoi mes instincts me repoussent-ils de cet homme ? Il serait aussi sympathique à moi qu'il l'est peu, que, pour le bien du service et par intérêt d'opinion, je ferais main basse sur ma sympathie, mais pourquoi me déplaît-il à ce point, car, après tout, je lui reconnais du talent ? D'où vient cela si ce n'est de l'admiration des autres ? — Les autres me gâtent tout : et cette aimable disposition ne fait que *croître* et *embellir*. — Lu du Fonfrède. Terriblement bien écrit parfois, pensé hardiment, mais, hélas ! constatant le mal qu'il combat et se battant pour une ombre vaine. La Royauté n'existe plus, et celle de la Charte est une Royauté châtrée. On coupait les cheveux autrefois et l'on fourrait dans un couvent. On a remplacé ceci par les Chartes constitutionnelles. Les bourgeois sont les plus forts et gouvernent ; la Chambre est et sera désormais Reine de fait. — Qu'on frémisse de cela comme Bourdonnel, qu'on ne veuille entrer pour rien dans un tel état de chose, peu importe ! il faut dire, comme l'hermite de Prague dans Shakespeare : *Cela est parce que cela est,* et ne changera que pour empirer. — Voilà pourquoi le mariage et la vie domestique sont moins sots que par le passé. — Sorti du Journal vers six heures. — Allé au *Sérail embaumé.* — Puis chez G... — Puis allé dîner chez Riche seul et l'âme à la renverse. Mangé goulûment comme je fais quand l'ennui me tient. — Revenu. — Lu à bâtons rompus. — Fait fourrer des papillotes. — Recommencé de lire. — Pris des notes. — Puis travaillé à cette *Madame de Gesvres,* entreprise pour soulever un peu mes esprits depuis si long-temps abattus. — Il est près d'une heure maintenant, et comme toujours la même pensée me revient à cette heure comme un spectre du passé. — Impossible donc de s'en débarrasser! Va-t'en!

22 janvier.

La nuit agitée, pleine de rêves, mais le réveil plus net qu'à l'ordinaire, et aussi plus matinal. — Levé à sept heures. — Le temps sombre, bas, humide, — une *darkness* profonde. — Habillé, puis au Journal. — Y suis resté à travailler à différentes choses jusqu'à six heures. — Un peu souffrant, les nerfs douloureux et aussi ennuyé que toujours. — Passé chez Ap... Puis revenu chez moi. — Reçu une lettre de ma mère. — Comme j'avais affaire à Gaud., je suis allé le chercher chez sa maîtresse. — Resté à causer mollement sur des fauteuils très bas, au coin du feu (volupté du Nord qui fait la nique aux voluptés de l'Orient), jusqu'à huit heures et demie, — ironisant comme deux vieux hommes d'État qui se moquent de cette plate chose qu'on appelle vivre. — Revenu par un froid cinglant. — Fait allumer du feu. — Dîné avec des viandes froides et de l'ail. Ai remarqué que l'ail influe beaucoup sur la pureté de la voix, ce qui justifierait jusqu'à un certain point l'emploi effréné de l'oignon par mademoiselle Mars, ce timbre de cristal de roche. — Travaillé jusqu'à onze heures, l'esprit assez misérable, mais réagissant. — Je ne me fatigue pas de résister à ces angoissantes dispositions intérieures, mais je m'ennuie de mon énergie comme du reste. — Mon feu s'éteint, donc vais me coucher et lire dans mon lit jusqu'à ce diable de sommeil qui est encore la vie et que j'aimerais davantage s'il en était l'anéantissement par suspension.

MEMORANDUM

Pour l'A... B... [1]

1864

*(Les notes explicatives ont été ajoutées
par la destinataire.)*

1. L'A. B. (*l'Ange Blanc*), surnom donné à madame la baronne de B. par l'abbé Léon d'Aurevilly, religieux Eudiste, frère de l'auteur, en 1855, quand elle avait obtenu de ce dernier, par l'influence de ses conseils, son retour au foyer paternel après un long éloignement.

Saint-Sauveur.

A qui l'on a donné sa vie,
Il est doux de la raconter !

Il y a deux jours que je suis ici, après plus de cinq ans d'absence. — Hier, j'ai écrit à mon pauvre *Ange Blanc* que je commençais le *Memorandum* que je lui destine aujourd'hui, et aujourd'hui je le commence. — C'est le 3o novembre, jour de Saint-André, m'a dit l'abbé, qui m'a fait tressaillir avec ce nom. N'était-il pas le nom de l'enfant de Marie [1], si...? singulier hasard. — Les hasards ne sont singuliers que quand ils semblent des coïncidences !...

J'ai mandé à l'*Ange Blanc* mes impressions de ces deux jours et les faits qui les ont remplis. — Mon père a été très content de me

1. Mademoiselle Marie de B..., née en 183g, morte en 186o, mariée en Russie à M. Souhowo Kabylinn. L'enfant qu'elle atténdait lors de sa mort devait recevoir le prénom d'André, en souvenir du prince André Kabylinn.

14

revoir, et Léon même prétend qu'il est très excité par ma présence. Alors qu'est-il quand je ne suis pas là ?...

C'est sur le moral bien plus que sur le physique que ces cinq ans qui viennent de s'écouler ont donné leur triple coup de marteau. Là est la fêlure. — C'est le despotisme, sans distraction, de toutes les minutes. — Exemple : il ne veut pas qu'on fasse du feu dans nos chambres, parce que les ramoneurs — les savoyards — ne sont pas encore passés, et qu'il les attend... comme Henri V.

La concession qu'il m'a faite, c'est qu'on me ferait du feu dans le salon, le soir. — Il mange de très bon appétit, mais il dîne à cinq heures et se couche à sept, ce qui supprime toute espèce de monde, le soir, de notre maison, et arrange assez ma Majesté solitaire. — Léon se retire de bonne heure, et je reste seul au coin du feu, écrivant sur la vieille table à jeu, où j'ai vu tant de figures originales, — à présent disparues par la porte des cimetières, — faire des whists et des bostons qui duraient des nuits et des jours. — Pauvre vieille table verte, jaunie par le temps, sur laquelle se fond de tristesse le cœur qui s'y appuie, en pensant à vous. Elle ne se doutait pas, la vieille table, qu'un jour viendrait où il n'y aurait plus que moi qui y jetterais, en vous écrivant, la dernière carte de mon bonheur et de ma vie.

Aujourd'hui, éveillé par l'abbé, à huit heures. — Cette année, je n'habite plus la chambre bleue de ma grand'mère, qui est pour Léon, mais la chambre jaune que j'avais avant mon entrée au collège ; — haute armoire de chêne allant jusqu'aux poutres du plafond, des livres dans tous les panneaux, force peintures de Léon ; au-dessus de la glace de la cheminée un paysage du fameux Menilgrand [1], dont je vous ai tant parlé ; cette figure terrible ! — Un grand lit à rideaux rouges ; voilà où votre pensée doit me prendre, vers onze heures ou minuit, pour me voir.

Levé, — habillé, — rasé. — Attendu anxieusement une lettre de vous qui n'est pas venue ; et, le cœur indiciblement pesant, ai fini ma lettre commencée ce soir, pour vous la jeter à la poste. — Selon ma coutume, quand il s'agit de vous, je suis allée la mettre moi-même à la poste. — Déjeuner à trois, mon père, Léon et moi. Après dîner, causé au salon des choses et des personnes du passé ; — me suis fait renseigner. — A quatre heures, vu Flavie [2], l'octogénaire martyre, qui

---

1. Le chevalier de Menilgrand, dont l'originalité et la vie à outrance avaient frappé l'esprit de l'auteur dans sa jeunesse.
2. Mademoiselle Flavie de Glatigny.

a plus d'énergie qu'un millier de filles de vingt ans ; toujours le même regard d'éclairs et la même parole si *incisivement* éloquente. — Parlé de vous, encore de vous, et de Marie. — Lui ai tout raconté de sa mort et de votre calvaire. — Elle m'a demandé le portrait de Marie, si je l'avais. Or, je l'ai, et je le lui porterai quand je retournerai la voir.

Rentré et dîné à cinq heures et demie. — Madame Levivier est venue à six heures, mais mon père l'a renvoyée (c'est le mot), à sept heures, pour se coucher, — et je suis resté seul. Léon, qui a la grippe, est monté se coucher, — donc solitude pour moi, c'est-à-dire tête-à-tête avec votre pensée. — Écrit à l'administration du *Pays* pour l'envoi de mon journal. — Lu du *Capefigue :* les *Quatre derniers siècles de l'Église ;* — esprit excellent, s'il n'était pas superficiel. — Resté seul dans ce salon, où je vous écris ce *Memorandum,* et qui à ses quatre coins a de ma vie. Les volets sont fermés, les larges rideaux tombés, la lampe est voilée. Ainsi l'appartement, absolument le même que dans mes jours d'enfance, a de la grandeur. — Mon portrait, que mon père n'a pas encore suspendu au mur [1], ce portrait noir, sévère et

---

1. Ce portrait est un des trois portraits de l'auteur peints par Carolus Duran.

Byronien, que vous connaissez, est posé sur le canapé et me regarde. — Le silence est d'une profondeur imposante. — La Bastide est bruyante à dix heures et demie en comparaison du silence morne qui pèse sur cette bourgade endormie : on n'entend ni le traînement d'un sabot ni l'aboiement d'un chien. Au reste, pas de chiens ici comme à la Bastide ; depuis que j'y suis, je n'en ai rencontré qu'un, un *Nëïor.* — Il pleut, c'est le seul bruit qu'on entende. — Je vais me coucher et lire dans mon lit.

1er décembre.

Levé à huit heures. — Adélaïde, à qui j'ai écrit de revenir pour le temps que j'ai à passer ici, est arrivée. Il m'a été doux de revoir cette vieille figure. Elle a repris son service auprès de moi et ne le résignera qu'à mon départ. — Resté en peignoir à causer avec Léon jusqu'à l'heure de la poste. — Elle est venue, et je n'ai rien eu de vous. L'inquiétude me mord ; et cependant je me dis que si Raymond était malade, si vous étiez malheureuse, vous m'écririez ; et que si vous étiez malade, vous me feriez écrire par Raymond. Vous n'imiteriez pas *Marie,* qui nous a brisé le cœur à jamais en nous cachant ce qu'elle souffrait... Eh bien, je me dis cela, et l'inquiétude continue sa morsure. — Rien ne peut contre le cœur ; et sa déraison même est plus forte que toute la raison de l'intelligence.

Déjeuné. — Après déjeuner, restés, l'abbé et moi, dans le salon tête à tête. — Mon père toujours dans sa chambre à *rienner,* — je fais le mot pour lui. — Avons parlé tristement des changements moraux et intellectuels qui se sont produits en lui, et qui sont tels que ma mère sortant du cercueil tout à l'heure ne le reconnaîtrait pas ! J'ose à peine écrire ici ce que j'en pense ; je vous le dirai ; mais l'écrire, *du moins aujourd'hui,* me ferait trop mal. J'attendrai d'être un peu bronzé sur l'impression qu'il me cause. Fait un peu de toilette vers trois heures et une visite à mademoiselle Adèle Du Manoir, qui vit seule dans une maison devant la porte de laquelle j'ai vu longtemps un puits, qui s'appelait le puits *Colybeaux,* et d'où l'on avait puisé l'eau qui servit à mon baptême. Le puits a disparu comme le puits de la Bible ; — le puits, cette chose charmante de forme et d'usage, autour duquel les femmes font groupe et d'où elles remportent leurs cruches pleines dans leurs bras mouillés. — Suis resté une heure chez mademoiselle Adèle. C'est celle-là qu'enfants nous appelions *Flore,* parce que nous avions lu dans le *Dictionnaire Mythologique* de Champré que Flore était la déesse qui avait le plus doux sourire. Mademoiselle Adèle Du Manoir l'avait délicieux, et il en reste encore quelque chose sur cette bouche qui n'a plus ni rose ni ivoire. — L'ai fait pleurer, en lui parlant de sa mère, deux belles larmes naïves qu'elle n'a pas cachées, et qui ont roulé dans ce qui lui reste de sourire. Elle a eu, *le temps de ces larmes,* à mes yeux, vingt-cinq ans.

Rentré. — Dîné... — Mon père avait fait prier madame Levivier de dîner avec nous. — Léon toujours grippé, coiffé d'un immense bonnet de coton, impayable de physionomie sous ce bonnet droit et pointu comme un bonnet persan. C'est la grippe de Léon qui nous a empêchés d'aller rôder au marais ou à l'Abbaye. — Le temps très pur et d'une lumière rosée qui est devenue tout à fait rose vers le soir. A présent il pleut ; il est onze heures. — J'écris ceci après avoir, depuis sept heures (heure du départ de madame Le V. dans cette singulière maison), repris ma lecture des *Quatre derniers siècles de l'Église.* — Je suis seul debout dans la maison ! j'ai envoyé se coucher les servantes ; le feu s'éteint dans la cheminée du salon. On n'entend pas le vol d'une mouche, d'une de ces petites mouches imperceptibles qui viennent parfois se brûler à la lumière. Je n'ai jamais nulle part eu la sensation d'un pareil silence. — Autrefois, dans mon enfance, il y avait des charbonniers qui s'en retournaient de nuit à la forêt de *La Plaise*, et qui chantaient ou faisaient claquer leurs fouets du haut de leurs petits chevaux à sonnettes ; mais plus rien maintenant ! — Le silence, le vaste silence, plus profond que celui des bois ; car les bois murmurent. — Je suis mélancoliquement amoureux de cette sensation... Adieu. Que Dieu vous garde de mal, et moi de votre oubli, le plus grand mal que pourrait me faire la vie ! — Je vais me coucher en pensant à vous... Toujours !

2 décembre.

Mauvaise journée ! Pas de lettres de cet *Ange Blanc*, qui me verse tant de *noir* dans l'âme. — Beau temps jusqu'à trois heures, dont je n'ai pas joui à cause de l'abandon dans lequel vous me tenez. — L'âme amère, pleine d'une colère sombre ; horriblement souffert. — Ai lu toujours de l'*Histoire de l'Église,* mais mal, avec distraction ; ne sachant ce qu'il faut penser de ce retard de lettres qui me tue. — Ne suis pas sorti, mais ai passé mon temps à marcher comme une âme en peine dans cette maison, *noire du passé,* et que vous me noircissez bien plus encore en ne m'écrivant pas. — Me suis suspendu des heures entières à une grande carte de géographie attachée au lambris du corridor de là-haut, pour y regarder M... de M... et y chercher la Bastide. — Avez-vous ma lettre maintenant ? Combien faut-il de temps pour qu'une lettre vienne de la Bastide à Saint-Sauveur ? Voilà ce que j'ignore. — Quel supplice que l'anxiété ! — Ai voulu travailler, mais l'idée fixe ne me l'a pas permis, et ce soir je n'ai aucune douceur à vous écrire ce *Memorandum* d'un jour que vous avez rendu cruel...

N. B. — Aujourd'hui, mon père nous a parlé de notre grand-père Ango, sous le portrait duquel je m'assieds dans la salle à manger, quand nous sommes à table ; et il m'a dit qu'on ne l'avait *jamais* vu rire *après la mort du Roi ;* et il a vécu encore des années. — Quelle profondeur !

3 décembre.

Rôdé toute la journée, le cœur enragé d'inquiétude, le long des corridors et dans les appartements en enfilade de cette maison, qui est pour moi un sépulcre plein de roses, comme le sarcophage de Roméo et de Juliette à Vérone. — Les roses, ce sont les souvenirs. — Pas de lettres. — Donc pas de cœur à écrire les détails d'une si misérable journée. — Pourquoi me tuez-vous ainsi en n'écrivant pas?...

4 décembre.

Toujours pas de lettres! — L'inquiétude est devenue d'une telle persistance qu'il n'y a pas une minute de ma vie qui n'en soit dévorée... Pour moi, Saint-Sauveur n'existe plus...

5 décembre.

Après la poste attendue fiévreusement, et qui ne m'a rien apporté, j'ai pris la résolution d'aller demain — si demain elle ne m'apporte rien encore — à Valognes, faire jouer le télégraphe afin de savoir ce que vous et Raymond devenez. — Cette résolution m'a un peu calmé. Je vous ai écrit à la Bastide une lettre qui ressemble au cri « Au feu ! » d'un incendie. — Et l'image est bien juste, car j'ai le feu d'un incendie d'inquiétude au cœur. — Mais cette lettre, quand vous parviendra-t-elle ?... Je ne puis attendre davantage... Donc le télégraphe demain !

Journée triste de toutes manières. — Adélaïde mal reçue par mon père, qui ne passe pas à une fille qui a servi chez lui cinquante-deux ans d'aller consacrer les débris d'une santé perdue à une famille qu'elle adore, Adélaïde, très délicatement fière, n'a pas voulu rester à Saint-Sauveur, et s'en est, à mon grand regret, retournée à Briquebec. — Dans l'impossibilité de travailler, je suis allé me promener dans le jardin, aux places que ma mère aimait, le long de l'espalier des pêchers et dans l'allée à droite du parterre. Mais plus de parterre, plus de fleurs ! de l'herbe dans les allées, la grande corbeille en morceaux, les murs mousseux, la négligence, l'abandon, la mort ! — Le jardin était ce que ma mère aimait le plus, et par amour pour elle, par piété de souvenir, mon père aurait dû le faire cultiver. — Je ne puis dire l'effet de cet abandon, de cette prise de possession par l'herbe de ces belles allées que j'avais vues si bien tenues, de ces pilastres brisés, de ces rosiers qui pendaient, la tête sans appui, jusque sur le sol. — Si mon père vit dix ans encore, le jardin que ma mère aimait, et où j'ai commandé l'armée de mes trois frères à cheval sur un bâton, et plus fier et plus heureux que Roger sur l'Hippogriffe, sera dans un état plus affreux que le jardin de la Grande Bretèche... J'y ai pourtant cueilli cette dernière rose, qui embaumait les ronces sans feuilles sur lesquelles je l'ai rompue, et je l'ai portée sur mon cœur — inquiet de vous et triste à mourir — toute la journée. Je la mets ici pour vous. Je veux que vous l'y trouviez, et qu'elle vous dise — quand je ne souffrirai plus, et que je serai auprès de vous, — tout ce que j'ai souffert aujourd'hui.

A quatre heures, Flavie, l'aigle, m'a fait demander. — Je lui ai porté le portrait de Marie. — L'a-t-elle regardé, de cet œil qui pénètre tout! Elle a vu tout ce que Marie était, et n'a plus cru que j'exagérais sur le compte de la fille, par amour de la mère. Je lui ai laissé, à sa prière, le portrait qu'elle veut regarder pendant quelques jours.

Rentré; — dîné du bout des dents. — Léon

toujours malade de sa grippe. — Je vais me coucher et essayer de lire, pour faire diversion à une angoisse qui finira demain, puisque, si je n'ai pas de lettres, je vous lancerai un télégramme de Valognes, où j'irai uniquement pour cela.

6 décembre.

Enfin deux lettres ! l'une de Paris, l'autre de la Bastide, en retard depuis quatre jours. — J'ai eu le sentiment que doit avoir une femme après l'opération césarienne ; seulement j'ai eu *cela* au cœur. — Levé, — habillé, — presque joyeux, malgré les crêpes de mélancolie dont cette maison m'enveloppe. — Je vous sentais plus près de moi. — Déjeuné, — puis, après le déjeuner, mis à vous écrire et porté la lettre moi-même à la poste. — En revenant, allé au tombeau de mon oncle (ma mère est dans un autre cimetière, hors le bourg). — L'ai trouvé un peu noirci par le temps, ce *Rembrandt* qui met son terrible clair obscur sur toutes choses ; mais l'inscription tumulaire lisible ; l'écusson de nos armes très net. — Suis resté quelque temps, accoudé sur la grille en fer qui l'entoure, à regarder l'horizon très pur et plein de soleil, et l'herbe de ce cimetière, où l'on n'enterre plus, et qui, laissée tranquille, pousse drue, verte, opulente, sur tous ces morts que la bêche du fossoyeur ne tracasse plus pour mettre des morts par dessus des morts dans des tombes nouvelles. — J'ai vu rarement plus belle journée d'hiver sans froid. — Ai fait le tour de l'Église sans entrer : — puis une visite à M. Desylles, mon parent... une vieillesse ferme, spirituelle, aimable, qui montre la supériorité des esprits qui se cultivent sur ceux qui ne se cultivent pas. La culture de l'esprit fait durer les facultés, comme le soin du corps fait durer les organes. Reçu par M. Desylles avec une grâce chauffée d'affection. — Bien causé de part et d'autre, et dans le même courant d'idées et de sensations. — Revenu m'habiller pour dîner chez madame Levivier. L'abbé devait y venir, mais sa grippe l'a retenu à la maison et je suis allé seul. Il n'y avait là que mademoiselle Adèle Du Manoir. Dîner fin et de très bon ton. Ici on ne parle pas que de dindons, de moutons, de la fortune des gens et de la manière de gagner de l'argent, comme à F... sous le règne actuel des M... — Rentré de bonne heure. Mon père *mussé* dans son lit, dès les poules, comme à l'ordinaire, antisociable, attristant jusqu'à Léon, malgré sa sainteté et sa charité filiale. — Resté jusqu'à cette heure, qui est minuit, à lire la *Somme Théologique* de Saint Thomas. — Vais passer faire deux minutes de causette chez l'abbé, en proie au lit et à la fièvre de rhume ; puis je me coucherai et lirai encore dans mon lit. — Il m'est doux de penser que vous aurez une lettre de moi demain matin avant le déjeuner. Bonsoir !

7 décembre.

L'abbé est dans un état de grippe qui me contrarie beaucoup. Il ne quitte pas le coin du feu, auprès duquel il me fixe, en y restant ; car n'ayant que quelques jours à passer dans ce pays, où je ne sais pas quand je reviendrai, je les lui donne, et nous les passons en des conversations sans but, mêlées d'affection et de joie amère. Nous pensons l'un comme l'autre sur mon père, qui n'est plus l'homme que nous avons connu.

Je n'ai donc pas le bonheur (c'est vous qui dites ce gros mot-là) que vous pourriez croire...

Triste ! triste ! triste ! comme s'écrie Hamlet. — Le temps, qui est doux, quoiqu'un peu humide, depuis hier soir, mais d'une humidité poétique, nous permettrait de sortir *ès alentours*, si Léon pouvait aller. — Avec lui je ne me suis encore promené qu'à l'Abbaye, où il m'a fait voir des sculptures faites par un homme de Saint-Sauveur qui n'a jamais appris la sculpture, mais à qui Dieu avait donné le *don de sculpter*. — Personne, parmi les artistes actuels de Paris, n'aurait fait et ne pourrait faire ces sculptures. — Il y palpite un sentiment religieux et monacal d'une naïveté si profonde qu'on sent bien que cet homme sans lettres, sans apprentissage, — un ouvrier, — avait dans le ventre l'âme catholique du Moyen Age ; qu'il n'était, en somme, — de par l'ignorance des choses de son temps et la sincérité de son catholicisme, — qu'un homme attardé, tombé du ciel du Moyen Age. — Quelle fortune pour lui que d'être ignorant et pieux ! que de n'avoir rien vu que quelques vieux tableaux d'autel dans quelques Églises du voisinage. Cet homme étonnant (il s'appelait *Halley*) avait donné sa vie, comme les artistes du Moyen Age, à l'abbaye de Saint-Sauveur, qu'il a relevée sur l'ancien plan en étudiant seulement l'état des ruines. — Je connaissais, depuis mon dernier voyage, le monument, mélange de roman et de gothique ; mais ce que je ne connaissais pas, ce sont les sculptures, pour lesquelles il n'a pas eu de modèles, et dont il a orné *son* Église. Il avait le projet d'en faire bien d'autres ; mais la mort l'a pris, comme il sculptait la chaire, qu'aucun homme de ce temps ne serait capable d'achever. — Cette chaire, interrompue par la mort comme une magnifique phrase de pierre, deux devants d'autel sur leurs trois côtés et deux confessionnaux, — deux chefs-d'œuvre, tous deux en pierre, — voilà tout ce que Dieu a permis à son serviteur de laisser dans la maison qu'il lui a bâtie ! — Dieu ne veut peut-être pas que les êtres qu'il aime achèvent rien. — Il y a, sur l'un de ces confessionnaux, un petit moine d'une coudée, en prière, debout, les bras croisés, qui est une figure en pierre comme Fiesole en faisait en peinture. — Le génie de Fiesole était dans la tête de mon paysan. — Ce moine ressemble pour le profil à la *belle Phocéenne,* madame Millet ; mais l'expression de ce visage, dans quelle vision en Dieu l'humble et puissant artiste par la foi l'a-t-il prise ?... — Excepté là et à l'hôpital, dimanche, pour la messe, je ne suis pas sorti de la maison, que pour les visites ici notées. — Dimanche, nous nous levâmes à cinq heures, aux lumières, et Léon alla dire la messe et moi l'entendre à la Chapelle de l'hôpital. — J'aurais joui des détails de cette messe, dite par mon frère, dans cette chapelle de château-fort *muée* en chapelle d'Hôpitaliers, et entendue par moi dans la nuit au milieu de quelques pauvres et de quelques religieuses, si l'inquiétude de ne pas avoir de vos lettres n'avait commencé à me poindre. — Je priai pour vous dans mon bas de chapelle obscure, et pour le Raymond, cette autre vie, dont votre vie a fait ma vie. — Une religieuse était venue m'offrir un bout de lumière : mais j'ai mieux aimé mes pauvres *Pater noster* et *Ave Maria* dans cette obscurité ; et j'ai remercié ces grands yeux clairs, qui brillaient au fond d'une cape noire, et qui allèrent communier un quart d'heure après. — A cette heure-là, que faisiez-vous ? — Le jour, qui commençait de *griser* — non de blanchir — les sombres vitraux de la chapelle, avait-il commencé d'entrer chez vous ? et *Mignoüne* faisait-elle son ronron matinal sur la couverture rouge sous laquelle dort ce que j'aime le mieux sur la terre ?

Aujourd'hui un prêtre est venu — un *Eudiste*, de la congrégation de Léon, — dîner et passer son temps chez nous. — Il était en tournée. — Un moine, rien qu'un moine, sans autre originalité que celle d'un moine ! —

L'ai quitté pour aller reprendre ma lecture de *Saint Thomas d'Aquin*, autre moine, mais que j'aimais mieux. — Je l'alterne avec les sermons du *Père Tauler* ; encore un moine ! — vous voyez en quelle grave compagnie je vis, dans cette maison mélancolique qui pourrait passer pour un monastère.

8 décembre.

Toute la nuit, tempêtes et pluie furieuse. — J'entendais tout cela en lisant mon *Saint Thomas d'Aquin,* car je n'ai pas fermé l'œil, et je suis arrivé jusqu'au matin les yeux ouverts. — J'avais retenu la voiture du *Tom Dupuy* d'ici, pour aller à Valognes, mais le temps était si *ouragané* que j'ai décommandé la voiture. — Par le fait j'ai eu tort. — Vers neuf heures, le vent est tombé, et le soleil radieux s'est mis à boire les pluies avec la rapacité d'un paysan qui boit du cidre. Je voulais revoir *mon* Valognes, la ville de mes rêves en me retournant, — le voir seul, en détail, — boire son passé goutte à goutte. — C'est partie remise à un autre jour ; car il me faut cette sensation profonde, la plus profonde probablement de toutes celles que j'aurai ici.

M. Desylles m'a envoyé un article sur mon *Des Touches* qu'il a reçu de Paris. — Cet article, de l'abbé Menars (du *Bulletin Catholique*), — très favorable, — M. Desylles y avait joint un charmant billet. — Cet homme supérieur n'est pas seulement aimable, c'est l'*amabilité*. — Suis allé le remercier et lui offrir la dernière édition du *Brummell*, que j'avais fait relier pour lui (maroquin ponceau, tranche argent), avant de partir de Paris...

C'était aujourd'hui la fête de l'Immaculée Conception (le 8 de décembre). — Que pensiez-vous que je faisais au jour tombant? J'étais à un salut, fondé à perpétuité par Flavie, en l'honneur de cette grande fête du XIXe siècle. Que j'ai pensé à vous, à Marie et à la Bastide, durant la célébration de ce salut! Ils officient ici avec beaucoup de pompe, et c'était ainsi dans mon enfance. La tradition s'est conservée; et même c'est ce qui s'est le mieux conservé des choses du passé à Saint-Sauveur. Il y avait là, parmi tous ces prêtres, deux ou trois vieux chantres que j'avais vu *chapper* autrefois dans ce chœur où j'ai fait ma première communion, et leurs voix épuisées me remuaient les plus profondes cordes de l'âme, cette harpe enfoncée dans nous! — Je m'étais mis dans la Chapelle du Saint-Sacrement, où j'étais seul, et je suivais l'office ; cette tête qui ne pense qu'à vous appuyée contre la forte balustrade en chêne qui sépare le chœur de cette haute et belle chapelle, vide et recueillie. L'Église, qui est vaste, très sonore et fort imposante avec sa longue nef et ses deux bas côtés, n'était éclairée que par l'autel et plongeait de toutes parts dans la nuit. — Après l'office, ai remonté un des bas côtés et fouillé du regard les quatre cents personnes environ disséminées dans la nef. Combien y en avait-il là que j'avais connues autrefois, et qui m'eussent vu garçonnet, dans le banc de mon père, avec mes frères, à ces prières de nuit qui étaient pour nous des spectacles ? — Revenu dîner à cette heure hétéroclite de cinq heures, inventée par mon père, le hibou. — Nous avions encore l'*Eudiste* de Léon, qui a piteusement partagé notre pitance. — Nous sommes en pleine ladrerie, et si je n'avais pris un peu le commandement, — mais non sans des discussions ou des observations tristement comiques de la part d'un homme qui savait autrefois être si noblement hospitalier, — je ne sais ce que deviendraient les malheureux qui viennent échouer à notre table. — L'Eudiste s'en est allé dès qu'il a eu les *barbes torchées.* — Léon, dont la grippe prend un caractère de catharre, s'est mis au lit presque aussitôt que mon père ; et je suis resté seul, la nostalgie du petit salon de la *rue de Lille* dans le cœur. — Pour me soustraire au monde de pensées qui m'écrasait, je suis allé faire une visite à mademoiselle A. Du Me... ir, mon *débris de sourire.* — Tisonné dans le passé, cette cendre. — Lu du *Saint Thomas d'Aquin* après être rentré, et écrit ceci dans le salon, muet comme la mort. — Ce n'est pas un cercueil, mais, par son vide, c'est un sarcophage. — Je vais monter dans ma chambre, où, couché, je continuerai mes lectures. — J'ai trouvé ici un volume dépareillé de la *Vie des Pères du Désert* par un Minime qui ose s'appeler *Michel Ange,* — *Michel Ange Marin ;* — très intéressé par ce livre. — Je suis, il est vrai, un *Père du désert* aussi pour le moment, — moins, pourtant, la résignation à la vie que je mène qu'à celle qu'ils menaient dans leur Thébaïde, ces honnêtes gens !

9 décembre, vendredi.

L'état de Léon, qui ne s'améliore pas, me contrarie parmi tant d'autres choses qui m'affligent. — S'il pouvait sortir, nous aurions pu aller à la lande de Lessay et à l'abbaye de Blanchelande aujourd'hui. — Le temps prodigieusement doux et un soleil de toute splendeur. — Ce matin, jusqu'au déjeuner, causé d'intimité avec Léon. C'est notre meilleure heure pour nous décercler le cœur ensemble. — Après déjeuner, lu et écrit une heure; — puis habillé et fait quelques visites forcées, une entre autres à un de nos parents, ancien garde du corps du Roi Charles X, M. Pinel. (*Remember! la Pinelli de la pauvre Mariotte!!*) — Rentré, dîné. — Léon et mon père immédiatement sous leur couvercle. — Suis resté dans le salon jusqu'à la nuit tout à fait venue et la lune levée. — Alors il me prit d'aller faire un pèlerinage nocturne à tous les coins de Saint-Sauveur, et de revoir cette bourgade, qui n'est plus qu'un fantôme pour moi, à la lumière des fantômes. Ma rôderie de revenant a été solitaire. — La lune était sous une gaze de nuages gris, le vent *plaignant*, l'air vif mais non froid. — La bourgade était tout entière sous ses contrevents lisérés par leurs fentes de lumière. Excepté une forge allumée, irradiant par sa porte ouverte, à une des extrémités de cette rue des *Lices* où j'ai fait galoper Néel de Néhou, — et qui m'a rappelé

votre forge de *la Bastide*, — toute vie était
repliée, morne et silencieuse. — N'ai pas
rencontré, comme on dit, *un chat*, mais *un
chien*, un seul chien, noir et haut sur pattes,
à l'échine longue, aux soies tombantes, assez
semblable au chien que monte Satan quand
il a en croupe son coureur de Guilledou, qu'il
fouette aux carrefours. Celui-ci n'avait sur
le dos ni diable ni homme. — Il allait le long
des maisons, la queue basse, quêtant la terre
de son museau, cherchant un maigre souper
qui sera peut-être resté une chimère. — Lui
ai fait les plus tendres *psitt! psitt!* mais le
balancier du cœur n'a pas bougé, et le drôle
noir a filé dans l'ombre, image de l'indifférence de l'homme montée sur quatre pattes
de chien. — Je me suis arrêté bien des fois
à regarder la physionomie des pignons, l'air
des portes sur la clanche desquelles j'avais
mis tant de fois ma petite main d'enfant; j'ai
compté les rides de ces maisons que le temps
a sillonnées comme des visages, et entre lesquelles j'en voyais de nouvelles, atroces de
jeunesse et de nouveauté, dont la blancheur
me paraissait plus funèbre que la noirceur
des autres. Une porte, qui n'était pas repein-
te, me ravissait. Les arbres, qui ont grandi
de trente pieds au-dessus du mur qui ferme
le jardin de mon oncle Frédéric, et qu'on

voyait dans mon enfance, m'ont semblé si-
nistres. — Ne me suis fait grâce de rien, et
j'ai avalé lentement, en me la distillant dans
le cœur, cette coupe de mélancolie. — Suis
allé jusqu'au quai. — La rivière profonde
(*Douve Deep*) luisait sous la nuée qui ca-
chait la lune. — Un bateau à tangue était
à l'amarre, et la voile à moitié tendue fris-
sonnait à l'air de la nuit. — Revenu, — rê-
vassé au coin du feu, l'âme pleine des choses mortes et des personnes mortes. — Il n'y
a que la mort qui soit vivante dans ce singulier monde qu'on appelle la vie!... Travaillé, —
lu, — mais dominé par les pensées que j'a-
vais évoquées dans ma randonnée nocturne.
— Écrit ceci. — Je viens de mettre la tête
à la fenêtre : la lune impatientée a rejeté son
masque de gaze ; il n'y a plus un nuage au
ciel. — Le ciel bleu étincelle sur le toit bleu
de la maison d'en face ; un silence unique ;
le silence de ce pays-ci ! — Le pavé de la
rue, blanc de lune, a l'éclat d'un miroir. —
Il vient de sonner une heure à la tour en bâ-
tière de l'Église. Bonjour ! je voudrais avoir
les lèvres radieusement roses de l'aurore
pour vous les poser sur les yeux.

10. samedi

Une journée de visites insignifiantes, mais nécessaires, entre lesquelles il n'y a eu d'agréable que les deux heures passées chez M. Desylles, qui m'a fait voir tout son jardin, dessiné par lui, et qui est du goût le plus charmant. Moi qui ne suis pas un amateur de jardins et d'arbres rares, j'ai été émerveillé du chef-d'œuvre de M. Desylles, qui est une féerie de disposition et de dessin. Nous avons tout vu, et dans le plus grand détail, par un soleil qui se couchait, clair et placide, dans un ciel gris-perle, ombré d'or, qui est devenu du rose au couchant. — Suis entré dans les deux serres, pleines de richesses végétales. Il y en a une dite *des Camélias,* où nous en avons vu un déjà épanoui, un magnifique crachat d'albâtre. — Nous avons causé d'intimité; et j'ai pu, avec cet esprit remarquable, dégainer le mien, qui, en province (rappelez-vous F...), reste dans son fourreau; un fourreau dont les bonnes manières doivent être les ornements et les arabesques.

Rentré, — soupé. — Causé avec Léon, mon seul dédommagement de la vie que je mène. — Travaillé, — lu du *Saint Thomas*

jusqu'à deux heures du matin. J'avais l'esprit
dans une vive, légère et vaillante disposition,
parce que j'avais reçu une lettre de vous.

Dimanche, 11.

Je reviens de Valognes, où j'ai eu la fantaisie d'aller faire la promenade funèbre que
j'ai faite dans Saint-Sauveur il y a une
nuit. — Parti par la plus belle gelée blanche, qui diamantait les prairies ; — l'air sans
un flocon de brouillard, et le soleil dardant
des rayons d'une lumière si aiguë qu'on aurait dit une poignée de piques d'or. J'ai vu
rarement un temps d'hiver de cette splendeur et de cette beauté. — Trouvé le brouillard à Colomby ; mais suis sorti de sa fumée
à Beaulieu ; et j'ai trouvé Valognes dans la
même pureté d'atmosphère que Saint-Sauveur.

Déjeuné au Louvre, — seul, — chez le
Brunelair de l'endroit, qui ne vaut pas celui
de M... de M... — Allé à la messe de midi. —
L'Église n'a changé que de couleur, et n'a
plus, aux fenêtres des galeries à balustrades
qui entourent sa nef à une hauteur que j'aime,
les sombres rideaux rouges qui ont jeté leur
poésie et leurs ombres sur cette tête qui a

toujours préféré le rouge et l'ombre à toute couleur et à toute lumière. — Pendant cette messe, qui ne me comptera guères pour le Paradis, j'ai senti monter en moi un flot de sensations inexprimables, exaspérées par le sentiment des choses finies. — Vu une foule sans visage dans l'Église ; pas une femme passable là où, aux messes de midi de ma jeunesse, j'en avais vu quatre-vingts plus roses épanouies (des *Marie de B...!*) les unes que les autres, et dont je pourrais écrire les noms si nobles, à cette place, si je le voulais. A trois pas de moi, dans ma chapelle, une jeune femme, mantelet noir, robe à queue ventre de biche, et l'air *assez biche,* m'offrait un profil chiffonné sortant d'un gros chignon, et ratatiné par son odieux petit chapeau rond. Voilà tout, bon Dieu ! là où j'avais vu les *Ernestine,* les *Léonore* et les *Ida* des fières familles de Valognes traîner leurs grâces patriciennes. — En sortant de la messe, comme il y a encore des pauvres à Valognes (reste d'aristocratie et de mœurs anciennes), j'ai pu faire l'aumône à la porte de l'Église, avec plus d'impertinence pour les bureaux de bienfaisance que de charité. J'ai donné, entre autres, à une vieille pauvresse, à qui le temps avait pris le chignon que ma voisine de messe étalait sur sa nuque avec un air si bêtement heureux ! — Allé aux quatre points cardinaux de la ville. — Refait la connaissance de toutes les portes des hôtels. — L'air s'est voilé de nuages. — J'ai battu le pavé et suis allé partout où j'avais senti et vécu fortement autrefois. Les rêves de ma jeunesse marchaient autour de moi, sous les nuages. — Je n'ai rencontré qu'eux le long de ces rues, sans *personne* que quelques gens du peuple *tous inconnus*. Pas plus de femmes comme il faut qu'à l'Église ! Pas d'Anglaises non plus, dans cette ville des Anglaises ! J'aurais payé pour voir seulement un bout de manteau écossais et entendre le bruit d'un patin.

En revenant du fond de la rue des Carmélites, j'ai rencontré la vieille pauvresse à qui j'avais donné à l'Église. — Je l'ai arrêtée. — Elle m'a dit qu'elle avait quatre-vingt-quatorze ans. — Elle est encore solide et droite, mais n'a pas un cheveu sous sa coiffe d'aucun côté ; les yeux sont rouges, mais le regard acéré ; et de grandes plaques de couperose marbrent son teint pâle. — « *Les yeux ne vont plus !* » — m'a-t-elle dit avec cet accent valognais qui allonge les mots et les écrase, mais qui pour moi est une musique. — Je lui ai demandé si elle se rappelait le maire de sa ville qui s'appelait M. du Méril ? — « *Que vère !* » m'a-t-elle répondu. — « Eh bien, — lui ai-je fait, — regardez-moi; je suis son neveu. » — Et je lui ai donné vingt sous. Elle a regardé mes vingt sous, comme nous nous regarderions un diamant bleu; et moi, non pas comme le neveu de mon oncle, mais comme l'archange Gabriel! ai donné rendez-vous à ma bonne femme à la messe de dimanche prochain.

Revenu vers deux heures. — Route et temps superbe; — reçu des visites jusqu'au soir. — Très populaire ici à cause de mon *Prêtre marié;* — le pays touché et très fier parce que je l'ai peint. — Avant moi, personne n'avait mis la main sur ces paysages. — Le préjugé bouchait les yeux aux plus hardis. — Lu et travaillé jusqu'à onze heures et demie. — Allé une heure causer chez Léon, que j'entends tousser dans sa chambre bleue de ma chambre jaune de réséda. — Revenu, — écrit ceci avant de me jeter dans mon grand lit *à tenir trois.* — J'ai ouvert ma fenêtre; — un temps d'ouate et de soie avec une lune qui a comme une collerette de lumière, ainsi qu'une blanche beauté du temps de Henri II. — De ce voyage, à déceptions prévues, le seul miracle inespéré c'est la douceur et l'éclat des nuits et des jours.

12. lundi.

Levé, — habillé, — rasé, — et fait ma causerie quotidienne avec Léon, toujours toussant, comme l'*Ami Vincent* de la chanson. C'est impatientant, car je voulais aller au bord de la mer demain, et j'irai seul plutôt que de n'y pas aller. — Déjeuné. — Après déjeuner vous ai écrit une lettre de quatre pages. — La poste part de très bonne heure ici (trois heures), et je suis allé la porter moi-même. — Toute ma vie j'ai cherché à diminuer le nombre de gens qu'il y a entre vous et moi. — Passé chez Flavie prendre de ses nouvelles et l'avertir que je partirais, ainsi que je vous l'ai mandé, dimanche prochain. — Rentré ; le temps *gris de lin, amour sans fin ;* mais pas de pluie, et au lever de la lune tout azur. — Dîné dans la monotonie de chaque repas. — Ce devrait être, en intimité, le meilleur moment de la journée, et c'est le plus mauvais. — Léon et moi, nous passons bien la conversation par dessus la tête de mon père, concentré dans son assiette ; mais il y intervient par des questions dont il n'écoute pas les réponses, ou par des blâmes perpétuels sur tout et à pro-

pos de tout. — Lu du *Saint Thomas d'A-
quin* et du *Joubert,* toute la soirée, sans désemparer. *Saint Thomas* est une rude moelle
de lion, dont je retrouverai l'influence dans
ma santé intellectuelle quand je vais reprendre ma vie militante à Paris. Ici, je ne puis
rien faire de suite, mais tout à bâtons rompus. J'ai la chaîne de toutes les rêveries à
l'esprit et le carcan de plus d'une douleur.

13 décembre.

J'arrive du bord de la mer, où, dans ma lettre d'hier, je vous avais dit que j'irais aujourd'hui. — Attristé d'y aller seul, — Léon
étant toujours malade, — mais résolu d'y
aller. — Le temps, qui semble fait pour
moi, se soutient toujours d'une façon mer-
veilleuse. — Parti après déjeuner, en cabriolet, avec Gréard, le fermier de notre grif-
fonnerie, que j'ai pris pour tenir le cheval et
le cabriolet pendant que je serais dans la
grève; intéressé par la nouvelle route de
Barneville, solitaire et cultivée, et même
quoique cultivée sur les deux côtés. Le
jan, comme on dit ici, en fleur, comme sur
la route de Gayross, et faisant muraille d'or
à droite et à gauche; — des mouvements

de terrain charmants ; dans leurs replis, de vieux manoirs aux toits blancs ; — trois ponts sur trois petites rivières ; — deux moulins à vent dont l'un tournait ; — et des brebis, et deux à trois juments errant le long des haies et tellement douces qu'il faut arrêter le cabriolet et les chasser avec la voix pour ne pas les écraser sous les roues, ce qui, d'ailleurs, me donne une bonne idée des paysans de ce pays. — Arrive à Barneville à deux heures ; — même aspect que dans ma jeunesse et qu'il y a six ans ; — le clocher, la même tour carrée, avec ses créneaux, d'où sont tombées bien des flèches d'arbalète sur les Anglais au temps où ils envahissaient la France et tachaient nos rivages. — Fait arrêter le cabriolet devant toutes les maisons que j'ai habitées dans mon enfance. Il y en a une où une Hortense de dix-huit ans fit rêver ma quatorzième année. Elle ouvrit ma vie, — mais une autre Hortense, bien plus puissante que celle-là, l'a prise toute et l'a fermée en disant : « *Ceci est à moi, et il n'y entrera plus personne.* » — Parti pour les Rivières et le Hameau (*Hamet* en patois), du Bas-Hamet, pléonasme à l'usage de ces populations qui pèsent sur les mots comme sur les choses. — Ai trouvé, dans cette équerre de maisons de pêcheurs (peinte

si exactement dans la *Vieille Maîtresse*),
deux vieilles pêcheuses, filles de matelots
qui m'ont conduit au flot les premiers, lesquelles se sont mises à crier comme deux
mouettes, en me reconnaissant. — Je ne
porte ici qu'un nom : « *Monsieur Jules* »,
qu'ils prononcent *Jeule*. — Vieilles, laides,
tannées par le soleil, verdies par l'air marin,
avec des voix à dominer la tempête, montant plus haut que le sifflet de cuivre du con-
tre-maître, elles ont eu en m'apercevant la
joie qu'elles auraient pu avoir si la marée
leur avait charrié quelque bon baril de rhum
à la côte. — Elles invoquaient Dieu et *Monsieur Jeule*. C'était tout à la fois religieux,
sauvage et comique. Elles voulaient égorger
des volailles, couper des grillades, et se seraient volontiers arraché leurs *tignasses*
parce que la mer n'était *dans le temps ni des
crevettes ni des homards*. Malgré leurs airs
de Sorcières des Eaux, j'ai bravement embrassé leurs joues semblables au cuir d'une
selle lissée et noircie par trente ans de der-
rières successifs qui auraient trotté dessus.
— Leur ai dit que je reviendrais prendre le
café avec elles, pour qu'elles ne se fissent
pas saillir les yeux de la tête à force de crier.
— Parti pour Carteret, éternel comme Barneville, si ce n'est que les maisons blanches,

qui faisaient un si éblouissant effet de loin sur la grève, sont grises et se confondent avec les collines qui les surplombent. — En allant, je ne les voyais pas, et je me disais : Cette moitié de Carteret a-t-elle été engloutie? Mais en poussant le cheval à travers les flaques d'eau, plissées par la brise du bord de la mer, — cette blanchisseuse qui plisse si fin, — j'ai distingué les maisons grises, comme les fantômes des anciennes maisons blanches. — Suivi la ligne du havre, dont la couleur n'a pas bougé, — car la mer est plus immortelle que la terre, — et qui est toujours aigue-marine. — Le vent soufflait frais; — pas une âme. — Deux bricks sur le flanc, à une portée de pistolet l'un de l'autre ; vides tous deux, sous leurs agrès, les matelots partis et en *liesse*, ez cabarets de la côte ; — manière d'attendre la marée, qui redressera les deux bricks gisants sur leurs quilles et les remportera peut-être ce soir. — Allé seul jusqu'au pied de la falaise, que je n'ai pas montée pour m'épargner la vue navrante des cultures qu'ils ont faites sur les sommets sublimes. Tourné Carteret, qui a bâti quelques nouvelles maisons insupportablement bourgeoises sur la croupe de ses dunes. — Quelques femmes, les yeux tournés avec des enfants pendus à leur tablier, avec des yeux plus étonnés encore, — voilà tout ce que j'ai vu de vivant. — Allé à l'Église, la même aussi que dans mon enfance; mais avec un cimetière qui n'existait pas, du moins de petit mur, de soins, d'entretien, d'herbe verte et drue, *fleurie* de croix noires, comme je l'ai vu cette fois. — Ai prié dans l'Église pour Marie et pour vous. — *Hélas!* vous auriez pu venir *ici toutes les deux!* Revenu triste avec cette pensée. — Des nuées étaient montées de la mer comme de mon cœur.

Ai fait atteler, — partis pour le *plein* par les dunes et les sables mouvants. — Entre deux dunes ai revu la mer, — ma mer, — que je pourrais orthographier *ma mère;* car elle m'a reçu, lavé et bercé tout petit. — Il était quatre heures et demie; le soleil crevait au-dessus d'elle un banc de nuages couleur violette et faisait sur les vagues comme une gloire d'or, qui les rendait étincelantes; — pas verte alors comme elle l'est presque toujours, mais d'un bleu très pâle, sans vagues, sans ces écumes qui sont comme les moutons de ce pré liquide, toute en oscillations, en frissonnements, en lames lumineuses. — C'était l'heure du flux; elle arrivait, et très vite; elle arrivait sur toute la ligne immense qui va de Carteret à Portbail; mais sinueusement, non d'une seule venue et en ligne de bataille, comme je l'ai vue souvent, mais par pointes, se bombant ici, se creusant là, dessinant sur le sable des anses mobiles. — Ai fait descendre au cheval l'entre-deux escarpé des dunes, et l'ai fait avancer les pieds jusque dans le flot, qui lui a envoyé sa poussière d'eau jusque dans les narines et lui a fait secouer les oreilles. — Resté là le plus que j'ai pu à me raviver les sensations ; c'était un verre de vie que je buvais. Il a fallu pourtant reculer devant *l'envahisseuse*, qui avançait toujours, ayant sur son dos un vent qui soufflait dans sa conque. — Ce génie du vent de la mer, qu'on pourrait peindre un pied en l'air, comme une danseuse, sonnant de son buccin d'une haleine qui nous coupe la figure, l'autre pied sur le dos de l'énorme cheval bleu qui l'apporte parfois au galop. — Sommes revenus au Bas-Hamet par les grèves, d'un très bon train, faisant sauter les flaques d'eau dans lesquelles nous poussions le cheval jusqu'au poitrail. — La grève magnifique de mélancolie au jour déclinant ; et pour moi plus triste encore du sentiment des jours passés. Revenu chez mes pêcheuses, qui tiennent ensemble, pour les besoins de la côte, tout à la fois une boutique de mercerie et un cabaret. — Tout cela caractéristique, à ravir Walter Scott, et encore plus

16.

moi. — Mes vieilles pêcheuses se sont remises à crier, non plus comme des mouettes, mais comme des goélands, pour me faire manger. Mais je n'ai voulu que du café, qui, par parenthèse, était excellent, un café de marin et peut-être de fraudeur, et de l'eau-de-vie de postillon et de pilote, le plus rude des *sacré chien,* qui, vous vous en doutez bien, ne m'a point fait horreur. — Pendant que la *Princesse d'Eboli*[1] buvait, entre ces deux retentissantes commères, aux voix inouïes, — inouïes pour vous, — et le fermier de mon père, un herbager d'une bavarderie infatigable, mais pittoresque, il est venu un tas de jeunes filles acheter des aiguilles, du cordon, — ce qu'on appelle ici du *nerfil,* — de la graisse, de la chandelle, etc. ; et qui ont prolongé le marchandage de leurs achats pour regarder de côté la dite *Princesse d'Eboli,* genou à genou avec ce paysan et ces vieilles pêcheuses, sirotant son café dans une moque de matelot, sur un guéridon, au coin d'un feu de fagots et sous la haute cheminée des *Bashamettes* (le nom de mes Sirènes Phoques). — Cela a dû être un événement aux *Rivières*, à la veillée du soir, au

1. « Si vous n'étiez pas Barbey d'Aurevilly, qui voudriez-vous être ? » demandait un soir à l'auteur mademoiselle Marie de B... — « La Princesse d'Eboli, » répondit-il.

four et au lavoir le lendemain. — La *Princesse d'Eboli* a été très bonne, du reste, pour toutes ces jeunesses curieuses et naïves, mais moins que pour un chat au museau court, aux yeux dilatés et superbes, qui n'a pas quitté ses genoux, familier comme s'il n'habitait pas une rive sauvage. — Délicieux, ce chat ! — La porte de la cabane était ouverte : — le cheval mangeait son avoine devant la porte ; — la lune se levait ; — le vent du soir faisait craquer les feuilles d'un gros bouquet de houx, l'enseigne du cabaret, piquée au bout d'un long bâton sur la dune ; et on entendait, quand j'allais au seuil, la voix de la mer invisible qui mugissait comme si elle eût voulu dominer, sans y réussir, les voix stridentes de ces deux gosiers qui *vipaient* d'une façon si effroyablement suraiguë dans l'intérieur de la maison. — Sommes restés deux heures dans ces harmonies. — Repartis par la route que nous avions vue le matin. Mais ce n'est plus la même route, qu'on a vue au soleil et qu'on revoit à la lune ; — les différences de lumière changent les aspects. — Revu les deux moulins à vent : — celui qui tournait ne tournait plus ; — le meunier n'était pas couché, et la lumière de son grasset éclairait sa lucarne. — Pas un nuage au ciel ; une lune à reflets d'émeraude qui veloutait les objets, et les *verdissait à force de les pâlir*. — N'ai rencontré qui que ce fût, sinon deux vaches au bout d'un pont, immobiles comme deux statues de marbre noir et blanc, leurs yeux grands ouverts et rêveurs sur la lune. Elles avaient l'air somnambules, à force d'avoir l'air rêveur. Le bruit des roues du cabriolet n'a pas dérangé leur attitude. Elles avaient le mufle tourné vers la lune, en pleine lumière, hébétées ou fascinées, l'adorant peut-être. C'étaient peut-être des dévotes à la lune que ces vaches ? Ai fait arrêter le cabriolet pour mieux les voir. — Le fermier, que j'interrompais dans le fil d'une de ses histoires, a eu une objection de bouvier et m'a rappelé à moi-même, en me disant, avec une condescendance indulgente : « *Elles ne sont pas bien bonnes, monsieur Jeules !* » Et nous avons roulé. — Rentré à Saint-Sauveur vers dix heures ; — soupé avec un appétit aussi aiguisé que nos couteaux ; — congédié le fermier. — Écrit ceci ; il est tard. — Une des journées les plus pleines que j'aie passées dans ce pays !

Décembre, 14, mercredi.

Eveillé. Lu les journaux, — habillé, — rasé ; — la causerie avec Léon. Causé profondément de notre père, dont l'état ne peut être compris à distance, même par vous, au tact si sûr, à la sagacité si rapide ; — ineffablement désolant. — Déjeuné ; après déjeuner, lu ; — écrit deux lettres d'affaires ; — habillé ; — allé passer deux heures chez Flavie, passionnée, ardente, intense, dans le buisson de feu de toutes les douleurs. — Janséniste terrible, mais sublime ! — Puis chez son *pendant*, plus spirituel, plus subtil, mais plus doux, M. Desylles. — Comme Flavie m'avait rendu le portrait de Marie, il m'a plu de le montrer à M. Desylles, en lui racontant le malheur qui *nous a foudroyés*. — Je lui ai ouvert le cœur par cette confidence, et je l'ai trouvé le plus délicat des hommes dans la manière de répondre à l'affectueuse confiance que je lui montrais. — Lui, cet homme de porcelaine fêlée, qui vit dans le coton et la soie de cette délicieuse maison qu'il a fait capitonner pour sa frêle vieillesse, m'a proposé une chose qui m'a touché et qui a étonné tout le monde ici, parce que, dit-on, il ne l'aurait fait pour personne : — c'était de me conduire à la grande abbaye de Lessay, placée à cinq lieues d'ici, dans sa voiture, et d'y venir avec moi. — Accepté avec empressement. — Ce m'est une double bonne fortune puisque Léon ne pouvait pas venir ; — toujours sous son *influenza,* ce pauvre Léon, près duquel je suis à l'état de garde-malade. — Comme je passe mes nuits à lire de la théologie, je vais plusieurs fois dans sa chambre lui faire prendre des cuillerées de sirop. — Il devient mon *Raymond* pour le moment. — Rentré, — dîné, — travaillé très tard dans la nuit. — Je viens d'ouvrir ma fenêtre et d'écouter le silence. — Écouter est le mot ; il n'y a pas de musique plus *intimement poignante* que ce silence, le plus profond que j'aie *jamais entendu.* — *Bonnet de Nuit !* ma dormeuse, qui êtes embobelinée dans le sien au moment où j'écris ceci.

15. jeudi.

Aujourd'hui, anniversaire de l'enterrement de Marie, j'ai pu prier pour elle et penser à vous, ma chère douloureuse, à un enterrement auquel j'ai été obligé d'assister. — On a perdu ici une contemporaine de mon père, mademoiselle Léontine B... Mon père n'a pas voulu y aller et m'y a envoyé représenter la famille. — Obsèques fastueuses. — Comme je n'avais pas de *gants de deuil*, me suis placé solitairement dans la chapelle Saint-Pierre, où j'ai entendu l'office en pensant à une autre morte que celle qu'on enterrait. — Rentré, — déjeuné, — allé deux heures chez M. Desylles, qui vient avec moi demain à l'abbaye de Lessay. — Allé aussi chez madame B..., plus âgée que mon père, droite et belle encore avec ses yeux *bleu de roi*, du roi des Faucons ! — Dîner triste ; l'état de Léon toujours douloureux et lui coupant sa fleur de gaîté au raz de l'esprit. — Après dîner, lu jusqu'à minuit ; — allé deux à trois fois chez Léon, toussant, insomnieux, et que je fais *communier* avec du sirop de Briand, que je lui insinue moi-même dans la bouche.

Vendredi 16.

Levé de bonne heure, — habillé, — et pour ne pas faire attendre M. Desylles, mon *amphitryon de voiture,* parti sans déjeuner. — Pris la route de la Haye-du-Puits, qui est devenue très belle, comme toutes les routes

de ce pays ; mais moi j'aimais mieux les or-
nières pleines de périls de ma jeunesse. —
Couru rapidement sur ce ruban blanc entre
ces deux rubans verts ; — bonne berline de
voyage, de la ouate sur quatre roues ; attelage
normand gris pommelé toujours au galop. —
Avons mis pied à terre plusieurs fois. — Vu le
paysage. — Mouvement de terrain très ondu-
leux, excepté à une place (le mont de Do-
ville), où il se bombe tout à fait. — En allant,
le temps clair ; en revenant, couvert d'une
légère couche de brume bleue ; en somme,
temps d'automne bien plus que d'hiver. —
Arrivé à l'Abbaye, — très digne de tout ce
qu'on m'en avait dit. — Romane de style,
imposante, sévère, majestueuse ; excepté l'autel du chœur qui est d'un autre style. —
C'est la seule tache dans cette austère et
vaste harmonie. — Au point de vue de l'ar-
chitecture, le tout est très grand et très beau ;
— mais à mon point de vue, à moi, c'est un
peu nu, et trop blanc, trop éclairé. — Ils
ont gratté tout l'édifice sans le peindre. —
Autrefois un abandon, qui ne manquait pas
de mélancolie, oubliait sur les hautes mu-
railles le *vert* du temps, comme je l'ai vu
étendu, et qui me plaisait tant, il y a déjà
bien des années, sur les murs de l'Église aimée de Louis XI de Notre-Dame de Cléry. —

A présent, une blancheur, rendue plus blanche encore par le trop de jour que ne tami-
sent pas assez de vitraux, donne au monument de la froideur. — Mais quel parti on
tirerait de cette belle Église en l'assombris-
sant! — Prié à l'autel pour *celles* pour qui
je prie à tous les autels! — Avons compté
les stalles du chœur, en chêne noir, sans
sculptures, vraiment monacales, roides comme
les fiers religieux qui y dressaient leurs ca-
puchons blancs. — Il y en a trente-six à
trente-huit. — La poignée de gens de Lessay
qui vient grelotter et *sabotter* dans cette
haute et vaste abbaye, doit être moins nom-
breuse que le gros des pauvres qui y ve-
naient appuyer leurs bâtons et leurs misères,
du temps des abbés et de leurs moines. —
En sortant de l'Église, nous sommes allés
voir les deux profils de l'Abbatial ; mais nous
ne sommes pas entrés dans la maison, dont
l'immense porte cochère est à quelques pas
de la porte basse d'un des côtés de l'Église. —
Cette magnifique résidence est habitée par
je ne sais quel journaliste de l'ancien temps,
qui ne l'habite que l'été ; gringalet parisien
qui, dans cette somptueuse et vaste demeure,
me fait l'effet d'un scarabée sous la carapace
de quelque immense tortue des continents
perdus. — Nous n'avons pas demandé à voir

l'intérieur de ce superbe monastère ; il y a des hospitalités qu'on dédaigne. — S'il y avait eu là des moines, nous serions entrés.

Promenés dans Lessay, — une bourgade sans caractère ; chaton de plomb d'une pierre précieuse qui est l'Abbaye. — Retourné voir l'Abbatial des deux côtés : par l'un fermé et caché par un parc ; par l'autre sur le bord d'une rivière qui enclot une prairie et qui a devant elle un marais. Le pays plane, vert, en pâturage. — De ce côté, le long duquel passe la route par dessus un pont, l'édifice a la longueur d'un dortoir percé de nombreuses fenêtres, et c'était probablement le dortoir des moines, qui en ont un autre à présent, — le dortoir éternel.

Le vent a tourné au nord. — Le froid a pris le fragile M. Desylles, malgré ses fourrures ; — sommes remontés en voiture et revenus en causant gaîment. — M. Desylles très intéressant, m'a vidé tout un sac d'excellentes anecdotes dans la mémoire, car je me les rappellerai très bien. — Entre autres, celle de madame de Beaumont, une châtelaine du voisinage, dont le château, une aire de gerfaut, est perché sur une des plus hautes falaises qui *piquent le plus droit* sur la Manche. — C'était une belle personne, aimée, dit-on, de son mari, homme très violent et très impérieux. Elle, elle était douce ; mais vous allez voir quelle mystérieuse et terrible profondeur de caractère il y a parfois dans ces êtres très doux. — Un jour, après un emportement de son mari dont on a toujours ignoré la cause, cet homme finit par lui dire : « *Allez dans votre chambre, madame !* » Elle devint très pâle (la scène se passait devant témoins) ; et elle répondit, sans même élever la voix : « *J'y monte, monsieur ; et je n'en descendrai plus jamais...* » Et elle n'en est jamais descendue, ni sortie ! Son mari s'est humilié, lui a demandé pardon ; elle ne lui a pas fait un seul reproche ; elle ne lui a opposé que le refus le plus obstiné et la plus terrassante douceur. Elle est restée *quarante ans* dans sa chambre, ne voyant personne que sa femme de chambre qui lui apportait à manger. Son mari, après des supplications, — des années de supplications vaines, — a fini par perdre patience et a quitté son château et même le pays. — Il est allé mourir, au bout de trente ans de courses, de voyages et d'exil, à Nancy. — Elle, cette dame de Beaumont, cette comtesse de Beaumont (elle était comtesse), est restée dans sa prison volontaire, comme si son mari avait toujours été là. — Comme le château, très beau et très originalement situé, attire la curiosité

des voyageurs, et que le bruit de cette in-
carcération volontaire n'était pas de nature
à la diminuer, tous ceux qui passaient dans
ces parages demandaient à voir le château, et
on le leur montrait ; mais ils ne voyaient pas
la châtelaine ! On les menait jusqu'à la porte
de la prisonnière, *qui ne se montra jamais !*
Elle était belle pourtant ! Elle avait donné
ordre qu'on traitât très bien les voyageurs
qui demanderaient à voir le château ; et elle
leur offrait le lit et la table ; enfin la vieille
hospitalité féodale. — M. Desylles, dans sa
jeunesse, voulut visiter ce château de Beaumont, et il y but d'excellent vieux vin dans
la grande salle. Quand il sortit (il avait de
l'imagination, il était poète), il regarda beaucoup les fenêtres de la comtesse, en se retournant, dans la cour ; et il *crut voir* un visage
dans un coin du rideau soulevé d'une des fenêtres. Mais son attention fit rapidement re-
tomber le rideau... il n'avait pu rien distin-
guer. Et il s'en retourna comme il était venu...
avec son rêve.

Revenus à Saint-Sauveur vers cinq heures. — Dîné de *vrelins*, coquillage du pays,
inconnu à Paris. — Repris ma théologie
entrecoupée de causeries *De omni Re sci-
bili* avec l'Abbé, et atteint ainsi le *fin fond
de la nuit.*

Samedi 17.

Journée de visites de fermiers, de détails physiques et domestiques. — Une veille de départ. — Rien qui vaille la peine d'être noté.

18. Dimanche, à l'hôtel du Louvre, à Valognes. Dix heures du soir.

Ce matin, je me suis levé avant le jour, et je suis allé entendre la messe dans les ténèbres de la Chapelle *inéclairée* du Saint Sacrement de l'Église de Saint-Sauveur. — Je devais partir de bonne heure, mais, pour être quelques heures de plus avec Léon, j'ai pris une *voiture à moi,* et je ne m'en suis allé que deux heures après midi. — J'y ai gagné un soleil radieux, qui m'a fait la conduite jusqu'à Valognes, où je voulais aller passer le reste du jour et le soir.

Je n'y connais plus personne... du moins personne que j'y veuille voir ; mais cette ville a de mon cœur sous ses pavés et dans les pierres de ses maisons. — Arrivé à quatre heures. — L'air du dimanche dans les rues désertes, cet air qui dans trente ans n'existera peut-être plus en ce pays *athéisé !* — Mis à la fenêtre de ma chambre à regarder... dans mes souvenirs ! — Quand le jour a eu mis entièrement sa mante grise, moi j'ai mis ma mante noire, et je suis sorti, *embossado.* — Erré dans les rues de la ville ; — rue de Poterie, qui était autrefois la rue des Ruisseaux, aux flots se tordant sur les pierres polies, propres, larges, lumineux, avec des lavandières sur leurs bords, ce qui donnait à cette vieille rue une physionomie indescriptible. — Quand une femme n'avait pas la jambe jolie, elle ne pouvait pas dans ce temps-là habiter Valognes. — Ils ont fourré des trottoirs de *macadam* là où coulaient ces ruisseaux torrentueux et *purs,* — jusqu'à en être bleus, — sur ces pavés qu'on voyait à travers ; et, à l'extrémité de cette rue splendidement pavée, ils ont aussi supprimé le *bassin grillagé,* dans lequel les ruisseaux allaient s'engouffrer, et qui faisait comme une sonore et harmonieuse corbeille d'eau, aux écumes rêveuses ! — Allé jusqu'à l'autre bout de cette rue aux toits bas, aux persiennes blanches, *toute en hôtels qui n'ont qu'un étage,* ce qui fait paraître la rue plus large encore. — Il y a toujours le grandiose *comme il faut* de cette ville, aristocratique tout le temps qu'il restera une seule de ces pierres élevées par l'aristocratie aux plus beaux jours de sa fortune ; — mais l'aristocratie elle-même, où est-elle... N'ai vu que quelques groupes de femmes de chambre en tabliers blancs, commérant sur les trottoirs, *à la tombée,* avec des rires et des accents Valognais ; — le jour trop bas pour voir leurs visages, mais les tournures cambrées disant qu'il y avait encore quelques filles nobles à servir dans ces hôtels, et que c'en étaient les soubrettes ! — Entendu sonner la cloche du dîner en deux ou trois de ces hôtels ; arrêté devant le *Grand Turc* abandonné, et qui a gardé son enseigne pâlie, à moitié effacée. — Il n'y a pas plus de Grand Turc à Valognes qu'à Constantinople ; ici et là ce sont deux effigies *passées,* impuissantes ; deux choses qui ont fait leur temps. — Descendu lentement la rue, où quelques lampes ont étoilé quelques fenêtres, sur lesquelles quelques persiennes ont été ramenées par des bras que je ne distinguais plus, tant le jour faisait place à la nuit qui s'en venait ! — Ai remarqué, toujours à la même place dans sa niche, la Madone blanche qui orne l'hôtel de La Varengerie (je crois), et qui lui donne l'air si Moyen-Age ; mais il n'y avait plus, comme dans mon enfance, au

pied de la statue, la petite lampe allumée.
— Ces dames de la Varengerie, des amies
de ma mère, sont mortes comme la lampe;
leur maison habitée... par qui? Je ne sais;
mais toujours est-il que l'huile de l'adoration perpétuelle ne brûle plus devant la
céleste image indifférente. — On veut bien
de la statue, mais on n'a plus de culte pour
elle; image assez exacte de l'esprit de ce
temps, en religion plus *antiquaire* que *chré-
tien*. — Vu les autres rues, *toutes* dans le
plus grand détail, et dans la disposition
d'esprit la plus romanesque. — Rue des
Carmélites, j'ai pensé à la vieille pauvresse
à qui j'avais donné rendez-vous, à cette
place, il y a huit jours, et qui m'aura vaine-
ment cherché à la messe de midi ce matin.
— Je déteste de tromper une espérance.
Elle avait espéré quelques sous. — Allé revoir, par dessus le mur du jardin, l'hôtel
(maintenant vendu) de mon oncle Du Méril... où... mais la parole est impuissante à
enserrer l'infini de ces premières émotions
de la vie... Laissons cela. — De là, à l'É-
glise, superbe d'obscurité mêlée de pointes
de lumière, de recueillement, de profondeur
déserte, du *bruit bas* des prières de quelques âmes ardentes, qui susurraient leurs
chapelets au pied des piliers. — L'Abbé dit

qu'il y a des âmes (et beaucoup) religieuse-
ment ardentes à Valognes. — Je crois ce
qu'il dit, après ce que j'ai vu et entendu ce
soir... Beau murmure de prières, sorti du
cœur, comme de l'eau qu'on entend sortir
d'une source cachée, dans cette Église sonore et muette. Cela m'a pris violemment
le cœur. — Me suis agenouillé à la chapelle
de Marie, et j'ai prié pour une *autre Marie*. — A trois pieds de moi, singulière
coïncidence! il y avait une femme en noir,
de belle tournure, pliée sur une chaise, et
qui priait à cette virginale chapelle d'albâtre... — Une femme en deuil, *comme vous*,
priait-elle aussi *pour qui*, vous, si vous
aviez été là ce soir, vous auriez prié?...

Rentré à l'hôtel. — La fille G... de chez
les... est venue m'apporter des portraits
que je voulais voir... — Celui de... ne m'a
pas fait rêver une minute; et cependant elle
n'a pas vieilli, — mais elle s'est durcie.
— En la regardant, je n'ai jamais mieux
senti que je suis *for ever* à vous!...

Je pars demain...

Imprimerie Générale de Châtillon-sur-Seine. — A. PICHAT.